COLEÇÃO
TEMAS & EDUCAÇÃO

Literatura & Educação

Gabriel Perissé

Literatura & Educação

2ª edição

autêntica

Copyright © 2006 Gabriel Perissé

Todos os direitos reservados pela Autêntica Editora. Nenhuma parte desta publicação poderá ser reproduzida, seja por meios mecânicos, eletrônicos, seja via cópia xerográfica, sem a autorização prévia da editora.

COORDENAÇÃO DA COLEÇÃO TEMAS & EDUCAÇÃO
Alfredo Veiga-Neto

EDITORAÇÃO ELETRÔNICA
Carolina Rocha

REVISÃO DE TEXTOS
Alexandre Vasconcelos de Melo

	Perissé, Gabriel
P446 l	Literatura & educação / Gabriel Perissé . 2. ed. — Belo Horizonte : Autêntica Editora, 2014.
	144 p. — (Temas & educação)
	ISBN 978-85-7526-223-8
	1.Educação. I.Título. II.Série.
	CDU 37

Ficha catalográfica elaborada por Rinaldo de Moura Faria – CRB6-1006

Belo Horizonte
Rua Aimorés, 981, 8º andar . Funcionários
30140-071 . Belo Horizonte . MG
Tel.: (55 31) 3214 5700

Televendas: 0800 283 13 22
www.grupoautentica.com.br

São Paulo
Av. Paulista, 2.073, Conjunto Nacional,
Horsa I . 23º andar, Conj. 2301 . Cerqueira
César . 01311-940 . São Paulo . SP
Tel.: (55 11) 3034 4468

Sumário

Prefácio 7

Capítulo I – A palavra criadora de mundos........... 9

Capítulo II – Temas vitais... 33

Capítulo III – Leitura e descobertas......................... 55

Capítulo IV – Os clássicos pessoais.......................... 77

Capítulo V – Poesia e aprendizado............................ 97

Capítulo VI – Uma biblioteca inicial........................ 117

Referências... 135

O autor.. 141

Prefácio

Neste breve prefácio, quero ressaltar a importância de uma publicação na qual Literatura e Educação estejam, não apenas estampadas no título, mas intrinsecamente unidas ao longo de suas páginas. Gabriel Perissé – como leitor voraz, autor de fina sensibilidade e professor incomparável – trilha os dois caminhos, o da invenção e o do ensino, e soube manter-se fiel aos dois, unindo-os como um só.

E, de fato, Literatura e Educação não são realidades que se excluem. Se o papel da Educação, em última análise, é despertar a admiração, a sensibilidade para o *mirandum*, princípio da sabedoria, poetas e professores se ajudam mutuamente. Aqueles, expressando suas intuições nas palavras, estes, procurando estruturar o saber e realizar as necessárias sínteses.

Na visão compartimentada do conhecimento que ainda temos hoje, apesar dos esforços que se fazem em tantas escolas, com o apoio de trabalhos acadêmicos relevantes, continuamos esperando que nossos alunos demonstrem teoremas, calculem empuxos, balanceiem equações químicas, escrevam redações sugestivas e conjuguem corretamente os verbos; deixamos que se encarreguem, sozinhos, da possível concatenação dos saberes. Sua interioridade e sua sensibilidade ficam muitas vezes relegadas ao segundo plano, se muito. Já para Tomás de Aquino, pensando neste que foi um dos maiores educadores da tradição ocidental, alguém dedicado ao estudo deveria, antes de mais nada, aprender a cuidar das atitudes da alma.

Atitudes como o silêncio (nada mais oposto ao espírito de nosso tempo, cujo nível de decibéis, inclusive dentro das salas de aula, ultrapassa o suportável), no qual possamos exercitar a mente, ler em profundidade, dialogar. E pensando para além do âmbito meramente "acústico", silêncio interior, mesmo que a poluição sonora se instale ao nosso redor, como condição, não apenas de uma tranquilidade que já perdemos, mas necessária, se quisermos descobrir esse entramado que compõe a realidade, a religação das informações e das ideias.

O ser humano é aquele que consegue inteligir a realidade em seus diferentes níveis. Bem demonstra o autor que esta capacidade de intelecção é leitura. A realidade é legível. A admiração que nasce da leitura não desemboca em pura perplexidade ou em posições rígidas e racionalistas. A admiração nos conduz a descobertas surpreendentes e em ocasiões de renovar a admiração.

Neste livro que o leitor começará a apreciar há uma qualidade que preciso destacar. Ao mesmo tempo em que nos motiva a encontrar na Literatura meios e formas de pensar a Educação, o autor, de maneira sutil, faz do seu texto uma pequena obra de Literatura. Sendo um teórico da Educação, aproxima-se da palavra como quem realmente acredita em seu poder transformador. Literatura e Educação se unem, não apenas no título deste livro, mas em sua feitura.

Jean Lauand, *professor Titular da Faculdade de Educação da Universidade de São Paulo*

CAPÍTULO I

A PALAVRA CRIADORA DE MUNDOS

Ser humano, o ser do lógos

A palavra cria mundos, é ativa e ativadora. Com a palavra criamos o passado, o presente, o futuro. A palavra tem o poder de "arrumar", "organizar" nossa percepção e expressá-la. A palavra dá forma à realidade. Dá realidade à realidade.

Isto não significa dizer que o mundo extramental dissolveu-se, ou sequer existiu um dia. Não há subjetivismo ou solipsismo capazes de eliminar do horizonte o que está fora de nós, fauna e flora, planetas e micróbios, coisas e pessoas com as quais nos relacionamos com maior ou menor lucidez e criatividade. Mas é igualmente claro para a reflexão filosófica que esse mundo exterior, com existência e consistência próprias, necessita do pensamento para que sua existência e consistência tenham sentido.

Sentido humano, como Clarice Lispector bem captou:

> Como seriam as coisas e as pessoas antes que lhes tivéssemos dado o sentido de nossa esperança e visão humanas? Devia ser terrível. Chovia, as coisas se ensopavam sozinhas e secavam, e depois ardiam ao sol e se crestavam em poeira. Sem dar ao mundo o nosso sentido humano, como me assusto. Tenho medo da chuva, quando a separo da

cidade e dos guarda-chuvas abertos, e dos campos se embebendo de água.[1]

Dotando a realidade de sentido, a palavra torna o mundo menos terrível e assustador. A solidão das coisas é o preço que o mundo sem sentido, sem razão de ser, pagaria, na ausência do ser falante (do *homo loquens*) que viesse admirar-se com as coisas, chamá-las com diferentes nomes, humanizá-las.

A palavra cria sentido, cria e explicita relações. Relações à medida do ser humano, com a marca da nossa humanidade. Como seres humanos, estamos sempre necessitados de nossos semelhantes, ainda que sejamos tão pouco semelhantes. Dessemelhantes somos, em virtude das ideias opostas, das ações contrárias, dos costumes desiguais, dos projetos conflitantes. No entanto, a palavra atua como ponte que procura refazer a unidade mítica de uma era em que teríamos sido imensamente felizes, ou instituir a sociedade utópica, sem ódios, sem dissensão, em que as diferenças virão a ser apenas contrastes de uma harmonia superior.

Esteja o sonho de plenitude voltado para o passado imemorial ou projetado no futuro inatingível, o ser humano tem anseio pela unidade, e este anseio supõe o amor de uns pelos outros. Agostinho de Hipona, atento aos sentimentos profundos, definiu felicidade (este "impossível necessário", como dizia Julián Marías) com uma frase sintética inesquecível: *amare et amari*. Ser feliz consiste em amar e ser amado.

Este amor seria a expressão de nossa insuficiência metafísica, de nossa carência fundamental. Amor que aspira à comunhão, transformando o alheio, o estranho

---

[1] LISPECTOR, Clarice. *A descoberta do mundo*. p. 205.

e o distante em algo próximo, reconhecível, compartilhável. Amor que, no relato de Aristófanes, personagem do diálogo *O banquete* de Platão, procura recuperar a unidade do homem andrógino, restaurando a perfeição concebida por Zeus e pelo próprio Zeus desfeita, pois aquela corajosa criatura de quatro mãos e quatro pés, de "força e vigor extraordinários" (190b), planejava escalar os céus e destronar os deuses.

Tal anseio pela unidade perdida se expressa na palavra. A palavra, no dizer do pensador espanhol Eduardo Nicol, "é o nexo de vinculação e de restabelecimento da 'unidade primitiva' [...], ou seja, o modo de atingir a plenitude ontológica".[2]

Somos seres carentes de unidade, de comunidade, de paz, de fraternidade,[3] de generosidade, de diálogo,

---

[2] NICOL, Eduardo. *Metafísica de la expresión.* p. 18.

[3] A canção "One" (1992), da banda irlandesa U2, ficou em primeiro lugar numa recente enquete promovida pelo jornal londrino The Times. Sua letra aborda, justamente, a questão da unidade, como neste trecho: "One love/One blood/One life/You got to do what you should/One life/With each other/Sisters, brothers." Não poderíamos esquecer outra canção, a famosa Imagine (1971), de John Lennon: "Imagine all the people/Living life in peace...//You may say I'm a dreamer/But I'm not the only one/I hope someday you'll join us/And the world will be as one//Imagine no possessions/I wonder if you can/No need for greed or hunger/A brotherhood of man//Imagine all the people/Sharing all the world...//You may say I'm a dreamer/But I'm not the only one/I hope someday you'll join us/And the world will live as one." Ou ainda o antológico discurso (1963) de Martin Luther King: "Tenho um sonho esta tarde de que um dia todo vale será alteado e toda colina, abaixada; que o áspero será plano e o torto, direito; que se revelará a glória do Senhor e, juntas, todas as criaturas a apreciarão. Tenho um sonho esta tarde de que a fraternidade entre os homens tornar-se-á realidade um dia." E um último e significativo exemplo, o décimo princípio da Declaração Universal dos Direitos da Criança (1959), expressão atual dos melhores desejos da humanidade para si mesma: "A criança deve ser protegida contra as práticas que possam fomentar a discriminação racial, religiosa, ou de qualquer outra índole. Deve ser educada dentro de um espírito de compreensão, tolerância, amizade entre

de encontro. E somos também seres simbólicos porque, inconformados com o fragmentário e o disperso, procuramos conferir sentido e valor para a vida, "recosturando" as partes em busca de uma totalidade (sempre parcial...). Queremos dar sentido à existência das coisas, e à nossa existência no meio das coisas.

Como seres simbólicos (importunados pelo nosso lado diabólico, fragmentador), procuramos sentido para as palavras que ouvimos e dizemos. Ao dizer/escrever minha palavra (e também ao ouvir/ler a palavra do outro), estou sendo em ato. Estou atuando como ser humano, realizando a potência própria do meu ser. De maneira direta e inequívoca, a palavra expressa o ser humano que desejamos ser. Minha palavra comunica, a mim mesmo e aos demais, que eu existo, que existimos. Quando digo "eu", o pronome pessoal diz que eu sou pessoa e que a outras pessoas me dirijo: tu, você, ele, ela, nós, vós, eles, elas.

O ser humano é o ser do *lógos*, conceito riquíssimo que envolve pensamento e palavra, duas acepções complementares, que se desdobram em tantas outras dimensões: diálogo e ideias, raciocínio e persuasão, razão e intuição, inteligência e poesia, argumento e revelação, relato e estudo, opinião e explicação, decisão e resposta, comunicação e educação.

Como ser do *lógos*, cada um é responsável por aquilo que diz/escreve, num nível existencial em que nossos compromissos éticos, políticos e estéticos encontram-se e ligam-se estreitamente, como podemos deduzir de uma afirmação do escritor e jornalista José Martí: "as palavras estão sobrando quando não fundam,

---

os povos, paz e fraternidade universais e com plena consciência de que deve consagrar suas energias e aptidões ao serviço de seus semelhantes".

quando não esclarecem, quando não atraem, quando não acrescentam".[4]

A palavra literária

O mundo que a palavra cria é o mundo humano, incluindo nele a nossa desumanidade, as nossas contradições. Como naquele poema de Miguel Torga, "Livro de horas", em que o eu se confessa e se desnuda: "Aqui, diante de mim,/Eu, pecador, me confesso/ De ser assim como sou./Me confesso o bom e o mau/ Que vão em leme da nau/Nesta deriva em que vou." Possuído pelos pecados e pelas virtudes, capaz das facadas raivosas e das ternuras mansas, charco e luar, mistura de Abel e Caim.

Ou como naquela intuição de Pascal, pensador nada cartesiano, que considerava o ser humano, tensionado entre a depressão e a euforia, entre a grandeza e a baixeza, entre o ascensional e a bestialidade, um *"monstre incompréhensible"* (frag. 420).

A palavra inventa/descobre a realidade humana em sua complexidade, em seus dilemas, em suas aporias. Dito de outra forma, a realidade humana possui estrutura loquente, para o bem e para o mal, para o aperfeiçoamento e para a destruição. E para nos darmos conta desta realidade humana... precisamos nela mergulhar mediante a palavra pensada, a palavra consciente.

O nosso pensamento realiza-se no âmbito dinâmico da linguagem. Mais do que um veículo de ideias puras que desceriam de algum distante empíreo, a linguagem é o meio *no qual* vislumbramos nossos

---

[4] MARTÍ, José. Discurso en Nueva York, el 10 de octubre de 1890. In: *Obras completas*. tomo 4. p. 248.

vínculos (tênues que sejam) com outras pessoas, com o nosso entorno. Esses vínculos são a forma vital de compreendermos o mundo.

Pensamos a realidade, relacionando-nos com ela, dialogando com ela. A linguística chega a afirmar que linguagem e pensamento são a mesma realidade. Em sentido estrito, linguagem e pensamento são bidirecionais, em reciprocidade, uma ao encontro do outro e, por vezes, uma *de encontro* ao outro...

A criatividade humana consiste, portanto, em inteligir o mundo, dando-lhe sentido, interpretando-o, reinventando-o. Inteligir, segundo a etimologia, é ler (*legere*) em profundidade (*intus*), ler de dentro para dentro. Trata-se de uma participação comprometida e generosa com o "texto" que o mundo é, com as possibilidades variadas e valiosas que nos oferece em suas linhas e entrelinhas. Na palavra faz-se a criatividade humana: o encontro entre nossa capacidade de ler o mundo e o mundo que aguarda nossa leitura. Na linguagem concebemos, conhecemos, compreendemos.

A palavra é adensadora de sentido. Na palavra, desenhamos o perfil dos âmbitos de realidade que são, a princípio, difusos. Antes de dizer "eu te amo", o amor é esboço, possibilidade talvez remota, talvez ilusória. O vínculo interpessoal ganha densidade no momento em que expresso o amor que pressinto e sinto (e que desejo sentir como resposta por parte de quem amo). Na frase "eu te amo" torna-se patente para mim e para quem eu amo que o amor não é mero propósito, quem sabe irrealizável. O campo amoroso entre mim e a outra pessoa precisa ser explicitado, patenteado, comprovado. Os sentimentos, nebulosos, querem definir-se na palavra viva e convincente, ativa e ativadora.

Não à toa o amor se configura de modo contundente no poema amoroso. A palavra poética, a palavra literária. No poema "Quero", Carlos Drummond de Andrade relaciona a linguagem ao urgente dom amoroso:

> Quero que todos os dias do ano
> todos os dias da vida
> de meia em meia hora
> de 5 em 5 minutos
> me digas: Eu te amo.
> Ouvindo-te dizer: Eu te amo,
> creio, no momento, que sou amado.
> No momento anterior
> e no seguinte,
> como sabê-lo?
>
> Quero que me repitas até a exaustão
> que me amas que me amas que me amas.
> Do contrário evapora-se a amação
> pois ao dizer: Eu te amo,
> desmentes
> apagas
> teu amor por mim.[5]

A urgência se concretiza no pedido insistente. O próprio título do poema – "Quero" – é uma aflita cobrança de amor. Um "quero" solitário, que tudo quer. "Querer" é verbo da vontade, do intenso desejo. Como verbo intransitivo, adquire sentido absoluto. É a vontade decidida.

No poema, é mais ainda: desejo de ser amado. "Querido", "querida" são aqueles que amamos: amantes, bem-amados, benquistos. A "amação" (a ação de amar) depende dessa palavra "querente".

O poeta exige o comunicado perene:

---
[5] ANDRADE, Carlos Drummond de. *Nova reunião*, p.459-460.

> Quero ser amado por e em tua palavra
> nem sei de outra maneira a não ser esta
> de reconhecer o dom amoroso,
> a perfeita maneira de saber-se amado:
> amor na raiz da palavra
> e na sua emissão,
> amor
> saltando da língua nacional[6]

A raiz da palavra é a palavra radical. O amor está enraizado. Se a amada não repetir, com radicalidade, "eu te amo", o amor desaparece, fenece. Na raiz e na "emissão". Emitir uma opinião, emitir um telegrama. Nada disso é tão radical quanto emitir uma declaração de amor de segundo em segundo.

> Se não receber essa emissão, o amado pensará
> que jamais foi amado antes:
> Se não me disseres urgente repetido
> Eu te amoamoamoamoamo,
> verdade fulminante que acabas de desentranhar,
> eu me precipito no caos,
> essa colocação de objetos de não amor.[7]

O caos. A origem grega desta palavra corrobora a imagem drummondiana. O caos é o abismo em que caímos, desequilibrados, feridos pela falta de sentido. Já o amor ordena, instaura o *splendor ordinis*, antiga definição de beleza, brilho intenso que emana de um campo de harmonização das coisas contrárias. Ordem, etimologicamente, refere-se a *urdir*. Ordenar é urdir, tecer, entrelaçar, estruturar. *Amare et amari*.

"Amado por e em tua palavra". Pela palavra e na palavra o amor se evidencia, realiza-se.

---

[6] Ibidem.

[7] Ibidem, p.460.

Dizer/escrever a palavra significa inserir-se na estrutura relacional, no mundo das relações, no qual pessoas e realidades entram em diálogo, entretecidas no texto (lembrar que texto tem a ver com produto têxtil) maior da vida.

Daí o amor à palavra que cria/descobre o próprio amor. Daí o caráter sagrado da palavra. Seu aparecimento hominiza o ser humano, confirma sua condição potencial de ser criativo e de ser amoroso.

Mas há exigências a cumprir para que a palavra seja sagrada, isto é, para que seja revelação do ser humano como ser capaz de criar vínculos, como "ser de encontro", conforme expressão de Juan Rof Carballo. São exigências da criatividade, no sentido ontológico e ético: disponibilidade de espírito, abertura para o inusitado, sensibilidade para ser ouvido (na sua dupla e paradoxal acepção).[8] A palavra dita/escrita com esta disponibilidade, com esta abertura e com esta sensibilidade é fonte de sentido. E de sentido nós temos fome e sede.

A palavra literária é autenticamente palavra quando, trazendo à luz verdades fulminantes, livra-nos do vazio abissal, do tédio mortal, da encapsulação, da asfixia existencial, desse nível infracriador a que somos rebaixados, e no qual passamos a ser, menos do que pessoas: objetos, e objetos de não amor.

A palavra literária será, neste caso, a palavra viva, vivificadora, provocadora, cheia de sentido, humanizadora, criadora de vínculos – palavra rebelde, em suma. De fato, o que levaria uma pessoa a criar ficção e poesia se não fosse a sua profunda insatisfação com

---

[8] Ouvido, verbo "ouvir" no particípio passado, e "ouvido" substantivo, com direito às protuberâncias e dobras da orelha. Ser ouvido: falar e ser escutado. E ser ouvido: tornar-se ouvido, escutar o outro, esse estranho ser que não sou eu.

a vida, naquilo que ela tem de informe, incompreensível, desumanizante? Rebeldia contra o próprio uso inautêntico da palavra, no cotidiano? Rebeldia positiva, desafiadora, desencadeadora da nossa consciência (desencadeadora porque abre os cadeados).

A linguagem recebe novas ondas de vida por força do trabalho de escritores e poetas, esses amantes incondicionais da palavra. Aliás, a linguagem sem amor é antilinguagem, e a antilinguagem não revela senão o que há em nós de destrutivo, autodestrutivo.

A palavra viva cria sentido humano para a vida, tornando a vida humanamente possível. Cada palavra autêntica abre ao seu redor espaço para o silêncio da compreensão. É preciso distinguir o silêncio pleno do silêncio vazio, o silêncio que diz muito, do silêncio que é mudo. A atitude criativa dos escritores leva à leitura criativa, atenta e não... sonolenta. A leitura em silêncio atento conduz à admiração e à reflexão, à contemplação e à criação. O escritor criativo cria o leitor criativo, um novo criador de sentido. Cervantes inicia *Dom Quixote* dirigindo-se, amistosa e humoristicamente, ao "desocupado leitor"! Somente um leitor livre de ocupações secundárias, ainda que urgentes, poderá dedicar-se à leitura...

O leitor que se deixou impregnar pela palavra criativa descobre, por exemplo, que a mera comunicação não constitui diálogo. Podemos viver num mundo extremamente informativo, opinativo e comunicativo, mas paupérrimo de verdadeiro diálogo. A comunicação torrencial da Idade Mídia não garante a instauração do campo lúdico do encontro interpessoal.

O encontro com a palavra

Uma das experiências humanas mais ricas: o encontro com a palavra. Os escritores (e os poetas particularmente!) são, de maneira obsessiva até, os que buscam esse encontro, fazem dele sua *raison d'être*. Graham Greene chegou a declarar-se incapaz de continuar vivo se tivesse de parar de escrever. O escritor inglês escrevia uma "dose" obrigatória de pelo menos 200 palavras por dia, e nesse ritmo escreveu mais de 30 livros.

Faz sentido buscar sentido no trato com as palavras. Pois, se é verdadeiro o pressuposto de que somos seres do *lógos*, é na palavra que encontramos o nosso rosto, é na palavra que refazemos o caminho em busca de nossas matrizes, raízes.

O fascínio pela palavra. A palavra como som (e como possível canção, esse falar entoado, afinado), como desenho, que torna presente o ausente, inesquecível o transitório. A palavra que é abraçada em profundo gozo, a palavra que se ama com ternura e paixão, quase fisicamente (ou mesmo sem este "quase"), como naquela imagem do poeta salvadorenho Roque Dalton: "*la palabra debería ser como la mujer en el momento del amor*".

Julio Cortázar, em entrevista, contava que a partir dos nove anos de idade parecia ter entrado num tipo de relação com as palavras que desembocaria na paixão e na loucura... a loucura da leitura. As palavras valiam tanto ou mais do que as coisas nomeadas:

> Eu gostava de algumas palavras, não gostava de outras, algumas tinham certo desenho, uma certa cor. Uma de minhas lembranças de quando estava doente (fui um menino muito doente, passava longas temporadas de cama com asma e pleurisia, coisas desse tipo) é a de me ver escrevendo palavras com o dedo, contra uma parede. Eu esticava o dedo e escrevia palavras, e via as palavras se

formando no ar. Palavras que eram, muitas vezes, fetiches, palavras mágicas. Isso é algo que depois me perseguiu ao longo da vida.[9]

O menino Cortázar experimentava esse trato íntimo com as palavras, numa relação de amor (e desamor), fazendo a palavra sair pelo dedo, como se pudesse produzi-la com um gesto. Palavras mágicas que o acompanhavam durante a doença, e lhe davam o sopro de vida necessário. E essa magia não se desfez, não era devaneio infantil. Ou por outra, era justamente aquele impulso infantil, de contato inocente (mas não ingênuo) com a linguagem, que torna viva a palavra, em ritmo, em jogo, em colorido, em invenção, em transcendência:

> A nossa verdade possível tem de ser *invenção*, ou seja, literatura, pintura, escultura, agricultura, piscicultura, todas as turas deste mundo. Os valores, turas, a santidade, uma tura, a sociedade, uma tura, o amor, pura tura, a beleza, tura das turas.[10]

"Tura", que em termos filológicos é forma sufixal em substantivos abstratos, torna-se substantivo ela mesma. Tura é a invenção pela palavra, pela ação artística. Tura é cultura em sentido amplíssimo. Criatividade. Cultivo dos sentimentos (amor), cultivo espiritual

---

[9] CORTÁZAR, Julio. *O fascínio das palavras*. p. 21.

[10] Trata-se de um trecho do capítulo 73, de Rayuela: "*Nuestra verdad posible tiene que ser invención, es decir escritura, literatura, pintura, escultura, agricultura, piscicultura, todas las turas de este mundo. Los valores, turas, la santidad, una tura, la sociedad, una tura, el amor, pura tura, la belleza, tura de turas.*" A tradução: CORTÁZAR, Julio. *O jogo da amarelinha*, p. 443. Curiosamente, a palavra "*escritura*" não aparece na edição brasileira, e é palavra fundamental pois expressa a arte de escrever própria de um autor, indicando seu estilo, sua maneira pessoal de empregar as palavras.

(santidade), cultivo da sensibilidade (beleza), cultivo de nossa condição de seres conviventes (sociedade), de seres éticos (valores).

A tura de cada escritor, de cada poeta, de cada artista, de cada pensador. A tura da leitura de cada leitor, o encontro de cada leitor com um texto. A tura, não a escravatura. Tura aventura. Tura... alguma tontura. Escritura e leitura, não sepulturas. Ou torturas. A soltura da tura.

O modo livre de lidar com a palavra reflete e produz liberdade. Liberdade criadora de mundos. Num conto (mas não é um conto) de outro de seus livros, Cortázar bem mostra que nós, seres do *lógos*, seres verbais, somos capazes de transformar (magicamente?) o mundo das coisas em mundo humano:

> Um senhor pega um bonde após comprar o jornal e pô-lo debaixo do braço. Meia hora depois, desce com o mesmo jornal debaixo do mesmo braço.
>
> Mas já não é o mesmo jornal, agora é um monte de folhas impressas que o senhor abandona num banco de praça.
>
> Mal fica sozinho na praça, o monte de folhas impressas se transforma outra vez em jornal, até que um rapaz o descobre, o lê, e o deixa transformado num monte de folhas impressas.
>
> Mal fica sozinho no banco, o monte de folhas impressas se transforma outra vez em jornal, até que uma velha o encontra, o lê e o deixa transformado num monte de folhas impressas. A seguir, leva-o para casa e no caminho aproveita-o para embrulhar um molho de celga, que é para o que servem os jornais após essas excitantes metamorfoses.[11]

---

[11] CORTÁZAR, Julio. *Histórias de cronópios e de famas*. p. 56.

As folhas impressas serão apenas meras folhas impressas, sem maior utilidade que a de papéis de embrulho, a menos que as olhemos (e as escolhamos) como jornal (como tura, realidade cultural). Enquanto não houver um encontro entre as folhas e as pessoas, as palavras ali impressas não impressionarão ninguém, serão folhas mortas. O encontro com as palavras é vital para as palavras serem palavras.

Se não parecesse exagerado amor à palavra, eu diria que educar alguém é, numa só frase: permitir-lhe o encontro com a palavra. Não só no que diz respeito à alfabetização, à ampliação do vocabulário, à apreensão das regras gramaticais sobre ortografia, conjugação, pontuação etc., ou mesmo à compreensão de termos técnicos que ajudam um profissional a dominar o seu ofício. Tudo isso é relativamente importante.

O encontro com a palavra é mais do que importante: é essencial. Verdadeira educação verbal, que nada tem a ver, igualmente, com a instrução decorativa, destinada a que se aprenda uma linguagem-muralha, barreira intransponível entre os grupos seletos (que se consideram bem-informados, cultos, eruditos) e... os ignorantes. Refiro-me – apoiando-me no livro *Muralhas da linguagem*, de Vito Giannotti –, ao *doutorês*, ao *academiquês*, ao *intelectualês*, "idiomas" que se subdividem em tantos outros: o *juridiquês*, o *economês*, o *sociologuês*, o *mediquês*, o *semiotiquês*, o *psicologuês*, o *pedagogês*, o *teologuês* etc.

Em sua definição de "sociologuês", Houaiss dicionarista foi extremamente delicado: "jargão técnico e difícil de entender de alguns sociólogos".[12] Ao definir

---

[12] No *novo Aurélio* (a terceira edição revisada, de 1999), a definição de sociologuês – que Charles Wright Mills chamava de "sociolíngua" –

o uso jocoso e pejorativo de "psicologuês", foi até benevolente: "jargão próprio dos psicólogos". Para "economês", estendeu-se um pouco mais, com relativa crítica: "linguagem pejada de tecnicidades do jargão dos economistas; terminologia só compreensível a economistas". Linguisticamente falando, trata-se da produção de uma espécie de idioleto (a rigor, o idioleto pertence a um único indivíduo em determinado período de sua vida), dominado pelos mais exímios naquelas áreas de conhecimento. Filosoficamente, podemos dizer que o sociologuês, o psicologuês e afins deturpam o *lógos* a que dizem servir. Chega a ser um conversar delirante com o próprio umbigo (ou apenas com o umbigo dos seus pares, em reuniões restritas), estreitando a realidade dentro dos limites de um discurso vigilante e vigiado, ao qual podem associar-se um gestual e até um vestuário. Ou como diz o cantor pernambucano Lenine: "Só é real o que convém à realeza."[13]

Educação verbal não consiste em adquirir, portanto (repiso a última ideia), uma suposta superioridade intelectual e social, mediante a repetição do mesmo discurso daqueles que se apresentam como elite pensante. Ao contrário! Se alguém, com toda a tranquilidade do mundo, escreve que "não haverá inépcia da exordial acusatória se a *imputatio facti* permitir a adequação típica", possivelmente está preso à enfadonha rotina de expressões e frases consagradas, e talvez não consiga expressar-se melhor...

é: "o linguajar excessivamente tecnicista de certos sociólogos". Em ambos os casos, deduz-se que haverá outros certos sociólogos, não menos dignos do título acadêmico, que prescindem desse recurso, excelente cortina de fumaça...

[13] A canção intitula-se "Umbigo", do CD *Falange Canibal* (2002).

Quidquid latine dictum sit, altum videtur – esta frase em latim parece profunda, como todas as frases em latim... A frase diz exatamente isso: "Tudo o que se diz em latim parece profundo". Naqueles discursos supostamente intelectualizados (sejam eles jurídicos, ou, tentação das tentações, sejam eles discursos do campo teórico educacional), o que há é a necessidade de parecer profundo e complexo. O pedagogês, o sociologuês etc., todos esses casos de pedantismo verbal tornam-se uma espécie de "latim" que despreza as outras linguagens. Uma língua semimorta, entendida por um número reduzido de especialistas, mas nem por isso portadora de ideias ininteligíveis em língua vulgar. Afinal, são ideias humanas... e não arcanos sagrados!

Conta-se aquela história de um grupo de missionários católicos na África, em meados do século passado. As missas ainda em latim: *Dominus vobiscum... Et cum spiritu tuo... Sursum corda... Habemus ad Dominum...* Até que veio a determinação do Vaticano para que as celebrações litúrgicas fossem realizadas na língua de cada país. Desde o momento em que o latim foi substituído, os frequentadores começaram a não comparecer às missas. A cada semana o número diminuía drasticamente. Quando restava um último fiel, o missionário que liderava o grupo perguntou-lhe, apreensivo: "Mas por que essa súbita evasão? Vocês agora não estão entendendo tudo, agora que o latim foi substituído?" E o aborígine respondeu: "Pois é, padre, agora nós estamos entendendo tudo...".

Sem dúvida, há um quê de misterioso, de enigmático e atraente, por exemplo, no fato de alguém, o rosto em êxtase de seriedade, referir-se à "banda diagonal endógena"... (Seria uma nova banda de *rock*?) ou, com olhar ainda mais sublime, falar sobre a relação da consciência com o processo de produção do conhecimento, através do par dialético trabalho/teleologia, na imbricação com a causalidade, envolvendo tais conceitos com a temática da liberdade enquanto consciência da necessidade nos projetos de construção do devir histórico...

Perplexo, o ouvinte faz o sinal-da-cruz... não compreende a linguagem-muralha do sacerdote do saber. Não compreende, mas reage de maneira subserviente. Sequer lhe passa pela cabeça a ideia de questionar a linguagem sublime. O receptor humilde não é iconoclasta. Pior: muitas vezes chega a incensar a tal muralha de palavras sagradas, imagina que aqueles termos e aquelas formulações são sinal inequívoco (divino, talvez) de que se encontra diante de uma sumidade. E esta sumidade notabiliza-se justamente porque se eleva diante do ouvinte, inibindo-o com a linguagem incompreensível...

Já os grandes pensadores não se deixam empolgar pelas terminologias esotéricas nem querem empregá-las para convencer – lançando mão da obscuridade! – leitores e ouvintes. Ao contrário, estes pensadores são os primeiros a valorizar a linguagem comum, entendida como campo de jogo em que há mais realidade ("impura", já suficientemente ambígua, insuportavelmente paradoxal) do que nos antissépticos termos artificiais (dispostos em rebuscada sintaxe ou em fórmulas sintáticas padronizadas), que fazem a glória de certos eruditos. Os grandes mestres – Confúcio, Heráclito, Platão, Aristóteles, Sêneca, Agostinho, Montaigne, Nietzsche e tantos outros nomes decisivos para o pensamento humano – ignoraram a terminologia especializada. O que não implica dizer que deixaram de construir conceitos! Seus textos são exigentes, mas não opacos.

Ignoraram, sim, a terminologia abstrusa, e o fizeram em nome da *simplicitas* (para que ninguém imagine que desprezamos a língua latina...), virtude esquecida (a virtude de tirar as "plicas", as pregas complicantes) que, longe de tornar o discurso "leve", é selo de credibilidade, pois traz a originariedade, a força da palavra colhida na clareza, ou ao menos na busca da clareza.

Simplicitas é o avesso daquela complicação verbal desnecessária, da construção frasal que mais oculta do que demonstra, mais confunde do que esclarece. Ser simples supõe esforço de lucidez, encontro radical com a realidade, sem muralhas ou tapumes, sem autoenganos ou vontade de impressionar (e manipular...). Ou ainda, como dizia uma professora amiga: "é simples complicar... o complicado mesmo é simplificar!"

A linguagem comum já é em si uma "ferramenta" excelente para o filósofo, o pensador, o estudioso. E incluo no conceito de linguagem comum (mas não banalizada) a linguagem criativa do povo, e a linguagem do escritor, que, por sua vez, vai buscar naquela linguagem popular as grandes inspirações, a exemplo de Guimarães Rosa e Mário de Andrade, para citar apenas dois nomes brasileiros entre centenas.

E ninguém dirá que Guimarães e Mário são de fácil leitura. No entanto, se há empenho (nada hercúleo, seguramente, mas fruto do interesse real) e se há sensibilidade, aprendemos com estes autores a ampliar nossa consciência.

Idioma e pessoa

Entrevistando Gilberto Freyre, a jornalista e escritora Lêda Rivas perguntou-lhe: "Se o senhor fosse um estranho, como veria Gilberto Freyre?" A resposta foi desconcertante:

> Eu o veria como um caso singular de um harmonizador de contrários, que tanto se presta a ser considerado, como sou considerado, um reacionário, como a ser considerado, por outros, um comunista. Eu não sou, realmente, nem um desses extremos nem outro. Não porque os considere desonrosos, mas porque não correspondem a minha tendência de harmonizar contrários. E qualquer um desses extremos é um extremista, ao meu ver, simplista. Eu detesto simplismo. Amo a simplicidade. Tanto que não escrevo nem em Sociologês, nem em Antropologês, nem em Filosofês, nem em Economês. Eu escrevo num Português gilbertiano e essa gilbertização, sem deixar de ser um pouco sofisticada, é na sua expressão um verdadeiro arrojo, por vezes, de simplicidade. Nunca simplista, mas na expressão simples para quem escreve, como escrevo, sobre assuntos complexos.[14]

A linguagem simples mas não banalizada, primorosa mas não hermética, pessoal mas compreensível. A dicção própria do autor, aliada à sua visão de mundo. Maneira original de trabalhar o potencial expressivo da língua. Essa "gilbertização" do idioma é o modo como Gilberto Freyre se fez escritor.

E é o modo, em última análise, como nasce um escritor.[15] A personalização do idioma. A "rosianização" do idioma, em Guimarães Rosa; a "lispectorização"

---

[14] RIVAS, Lêda. *Parceiros do tempo*. p. 179.

[15] Num de seus livros, em tom confessional, Gilberto Freyre deixa claro: "Não sou nem pretendo ser sociólogo puro. Mais do que sociólogo creio ser antropólogo. Também me considero um tanto historiador e, até, um pouco pensador. Mas o que principalmente sou creio que é escritor. Escritor – que me perdoem os literatos a pretensão e os

do idioma, em Clarice Lispector; a "bandeirização" do idioma, em Manuel Bandeira. Tais descobertas promovem, por sua vez, a personalização de quem lê. Uma leitura atenta, empenhada, dialogante, de um idioma personalizado, leva à personalização do leitor. Se você se chama Alberto, poderá falar em uma leitura "albertiana" de um texto de Clarice. Se você se chama Célia, será capaz de fazer leituras "celianas" de Manuel Bandeira.

Personalização da escrita e da leitura. O paradoxal é que esta maneira de escrever e ler, singular, não está sem lugar. Os singulares se encontram no aprofundamento do patrimônio linguístico a que todos devemos ter acesso, e que todos podem enriquecer. A palavra pessoal (adjetivo, relativo à pessoa) remete ao pessoal (substantivo, o conjunto de pessoas). A personalização do que escrevemos/lemos leva à nossa personalização.

A educação verbal autêntica, a meu ver, é levar-nos a mergulhar pessoalmente nas águas da linguagem. Ou, em termos mais pedagógicos, criar condições para que, em particular as crianças e os jovens, experimentem profundamente como a linguagem, essa realidade de todos e de ninguém, é "fabricante de mundo"[16].

Uma educação verbal precisa, entre suas metas, explorar a importância crucial da pergunta, o silêncio receptivo como atividade, a distinção entre significado e sentido das palavras. E são os escritores, neste caso, os melhores professores, talvez pelo fato mesmo de, em geral, não serem professorais. O modo como lidam com o corpo da linguagem, um verdadeiro trabalho

---

beletristas, a audácia – literário." (FREYRE, Gilberto. *Como e porque sou e não sou sociólogo*, p. 23)

[16] POSTMAN, Neil. *O fim da educação...* p. 172.

(ou luta diária, se quisermos lembrar o famoso verso de Drummond), ou um ato de amor... é o modo de criar novos mundos dentro do mundo.

Ao escrevermos literariamente, relemos a palavra, relemos o mundo e lhes conferimos novos sentidos mediante a sempre séria brincadeira verbal. O escritor Marcelino Freire oferece vários exemplos desse árduo e prazeroso trabalho, no seu livro *EraOdito*. Busca provérbios, ditados, lugares-comuns e os transforma em frases pessoais. "Fiquei rico de tanto roubar frases dos outros", diz o plagiador criativo na apresentação dos seus desdizeres. Pois é desdizendo o dito (muitos desses ditos já em domínio público) que desentranha o que já estava dito pelo não dito.

A matéria-prima é de todos e a todos provoca. O mérito criativo cabe ao indivíduo, em diálogo com aquela. O que estava não dito vem à tona no meio do que até então se repetiu com escassa ou nenhuma reflexão. O autor interrompe o fluxo da mesmice. As frases feitas são desfeitas e retornam ao seu lugar, porém nunca mais serão como antes. O movimento criativo é do plural para o singular, e do singular para o plural. Do coletivo para o individual, e do individual para o coletivo. Da linguagem geral para a linguagem particular, e desta para a geral.

Por exemplo (e seguindo os ecos de uma canção de Chico Buarque),[17] Marcelino ressalta uma parte da palavra "alcança", brinca com a homofonia dessa parcela com o verbo "cansar", troca (faz troça) o "ç" pelo "s", destaca em itálico e negrito, gera a surpresa:[18]

---

[17] A primeira estrofe de "Bom conselho": "Ouça um bom conselho/ Que eu lhe dou de graça /Inútil dormir que a dor não passa/Espere sentado/Ou você se cansa/Está provado, quem espera nunca alcança."

[18] Nesse livro de Marcelino Freire as páginas não vêm numeradas.

Quem espera sempre al*cansa*

E a surpresa deflagra conhecimento. Caçoando do provérbio, Marcelino me faz repensar a esperança cansativa, a esperança inativa. Mas era de esperança mesmo que falávamos, ou de espera, apenas? Quem espera sem esperança sempre se cansa. As duas linhas, que alguém poderia qualificar como mero trocadilho, dão margem a várias discussões. Uma delas seria analisar a distinção que existe na língua francesa entre "dois vocábulos distintos para esperança: *espoir* e *espérance*: o primeiro tende ao plural, às 'mil esperanças' na vida, encontra-se no nível das paixões; o segundo, no nível das virtudes, dirige-se à única e decisiva esperança, a de 'sair-se bem' *simpliciter*",[19] com sugestivas consequências para a reflexão filosófica e teológica.

Em outro momento, Marcelino faz a leitura das entreletras da citadíssima frase de Monteiro Lobato: "Um país se faz com homens e livros",[20] cujo contexto tem a ver com o entusiasmo que o autor sentia pelos Estados Unidos:

---

[19] LAUAND, Jean. *Um aspecto árabe no filosofar de Pieper*, p. 51-54.
[20] LOBATO, Monteiro. *América*. p. 45.

Não deixa de ser irônico que, para fazer vir à tona a palavra estrangeira, seja necessário intervir justamente na ortografia de "livros". "Lyvros" com "y" diz que os livros não irão construir a grandeza do nosso país, pelo menos por ora. (Curiosidade, porém: há documentos do século XIII em que se registra "lyvro", do galego-português). O tamanho das letras diz tudo. O dinheiro, e não qualquer dinheiro, sobrepõe-se aos homens e aos livros. É o *money* (a moeda por excelência) que faz um país ser país. Ou ainda: sem dinheiro, homens e livros não fazem um país, mesmo que sejam homens que leem e livros realmente lidos. A oposição entre "homens e livros" e *money* está implícita na frase idealista, violentada pela palavra pragmática.

| CAPÍTULO II

TEMAS VITAIS

Uma estética que nos desperte

Na canção "Socorro", o poeta Arnaldo Antunes grita por ajuda porque "não está sentindo nada"[1], nem vontade de rir, nem de chorar, não sente medo, nem amor, nem dor, nada. No mercado exuberante dos sentimentos, gostaria de encontrar algum que lhe servisse, mas se sente anestesiado, indiferente, esvaziado.

Depois de termos aberto as portas para todas as sensações, é natural que nos sintamos atordoados, insensíveis. O excesso de estímulos desestimulou a muitos. Quanto mais entregues a uma torrente contínua de emoções, imagens, menos capazes nos tornamos de senti-las. O excesso de música nos impede de ouvir a melodia. O excesso de cores nos impede de perceber os matizes. O excesso de informações nos impede de saber o que está acontecendo. O excesso de opiniões

---

[1] A composição é de Arnaldo Antunes e Alice Ruiz: "Socorro, não estou sentindo nada/Nem medo, nem calor, nem fogo/Não vai dar mais pra chorar, nem pra rir/Socorro, alguma alma, mesmo que penada/ Me entregue suas penas/Já não sinto amor, nem dor, já não sinto nada/Socorro, alguém me dê um coração/Que esse já não bate, nem apanha/Por favor, uma emoção pequena/Qualquer coisa/Qualquer coisa que se sinta/Tem tantos sentimentos/Deve ter algum que sirva/ Socorro, alguma rua que me dê sentido/Em qualquer cruzamento, acostamento, encruzilhada/Socorro, eu já não sinto nada/Socorro, eu já não sinto nada." (CD *Um som*, 1998)

nos impede de pensar por conta própria. O excesso de velocidade nos impede de ver a paisagem. O excesso de sexo nos impede de sentir o melhor que há no prazer... (O melhor do prazer é saber prezar quem nos aprecia.) Até o excesso de arte desarticula nossa capacidade de contemplar.

Sairemos do estado anestésico pelas mãos de uma estética que realmente nos desperte. Que realmente nos tire do estado de coma provocado pelo cúmulo de acúmulos!

Se é verdade que vivemos uma *era do vazio*, título escolhido por Gilles Lipovetsky para um de seus livros, esse vazio não depende apenas de um preenchimento, pois de certo modo já estamos fartos... E tal sensação está invadindo a escola de maneira progressiva:

> A indiferença cresce. E em nenhum lugar o fenômeno é mais visível do que na educação. Em questão de anos, o antigo prestígio e autoridade dos professores quase desapareceu completamente. Hoje, a palavra do Mestre está dessacralizada, banalizada e foi posta em pé de igualdade com o discurso da mídia. O ensino foi neutralizado pela apatia escolar, pela dispersão e pelo ceticismo. [...] A escola, menos do que uma caserna, assemelha-se hoje a um deserto [...], em que os alunos vegetam sem motivação e interesse.[2]

A falta de interesse é péssima conselheira e ainda pior educadora. Nenhum tema é vital para aquele cuja vida não tem muita graça. Nada na vida parece suficientemente interessante porque tudo é mais ou menos interessante. O caos, relembrando o poema de

---
[2] LIPOVETSKY, Gilles. *L'ère du vide*. p. 55-56.

Drummond, a ausência de entusiasmo, de urdiduras, a ausência do encontro, a boca aberta num bocejo abissal.

Certa vez, na década de 1980, um rapaz de 17 anos, chamava-se Rafael, veio procurar-me num centro cultural. Veio pedir socorro. Queria orientação. "Como escrever boas redações?", perguntou-me. O vestibular se aproximava. Sua insegurança era evidente, embora tivesse estudado nos melhores colégios de São Paulo. Sugeri-lhe o exercício de escrever todos os dias. De fazer um diário. A partir daí eu poderia realizar um "diagnóstico" do seu texto e pensar em algumas indicações concretas.

Uma semana depois, Rafael voltou a me procurar. Estava constrangido. Perguntei-lhe a respeito do diário. Mostrou-me um caderno meio amassado, pedindo que eu lesse as páginas iniciais do seu diário. Comecei a ler em voz alta:

> *Primeiro dia* – acordei, levantei, tomei café, fui pra escola, voltei, almocei, vi televisão, lanchei, fui ao clube, voltei, fiz as tarefas da escola, jantei, vi televisão, fui dormir.
>
> *Segundo dia* – acordei, levantei, fui pra escola, voltei, almocei, fiz as tarefas da escola, dei uma saída, voltei, vi televisão, jantei, fui dormir.
>
> *Terceiro dia* – acordei, levantei, fui pra escola...

E ele, choroso, interrompeu-me nesse ponto da leitura:

– Você está vendo? Na minha vida... na minha vida não acontece nada!
– Sim – respondi. – Na sua vida não acontece *nada*! E sabe por quê?
– Não...

– É que você está levando a vida realmente a sério! Você vai, cumpre as suas obrigações, mas não aproveita o que há na vida de mais importante. Não interpreta a sua vida.
– Mas o que há de mais importante? Nas férias eu viajo, vou para a fazenda, ou para os Estados Unidos. Todo fim de semana eu vou ao shopping, gosto de cinema, de namorar...
– O mais importante não é o que você faz na vida, mas o que você faz *da* vida. Você não está desenhando sua vida com a mesma paixão daquele artista que tinha o seu nome.
– Quem?
– Rafael Sanzio, um dos maiores do Renascimento italiano. Ele dizia: "O pintor não deve representar a natureza tal como é, mas como deveria ser".
– Não entendi.

Expliquei-lhe que somos seres criativos, e que se ele lesse os diários de Anne Frank, de Josué Montello, de Lima Barreto, de Lúcio Cardoso, de Amiel; se lesse as anotações autobiográficas ou de pura reflexão sobre a vida, de um Kierkegaard, de um Kafka, enfim, se entrasse em contato com pessoas que tinham as mesmas 24 horas de todos nós mas viviam intensamente essas 24 horas, como num jogo de vida ou morte, ele, Rafael, teria a dimensão de como estava desperdiçando os seus dias por não perceber, nas entrelinhas do seu próprio dia a dia, matizes e possibilidades que impedem qualquer rotina.

Amiel, por exemplo. Henri-Frédéric Amiel, modesto professor suíço do século XIX. Dava aulas de estética e literatura. Tornou-se conhecido graças ao seu diário íntimo, uma obra-prima de autoanálise. Tomou a decisão de escrevê-lo em maio de 1847, mas só no último mês daquele ano, às vésperas do Natal, deu início realmente a essa pessoal aventura literária. Tinha 26 anos de idade. Nunca mais o abandonou. São cerca de 17 mil páginas, ao longo de três décadas. Faleceu em 1881. Mais de 30 anos, escrevendo em média uma página por dia.

Mas o que tanto escrevia em seu diário este homem que não foi ativista político, nem guerreiro, nem desbravador da ciência, nem mesmo um grande literato? Justamente por viver uma vida comum tinha tanto tempo para escrever. Lá, naquelas páginas (o diário para ele era o "médico do solitário"), estão registradas atividades cotidianas, divagações filosóficas, observações sobre leituras, impressões sobre pessoas conhecidas, sobre lugares visitados, sobre os encantos da natureza; lá estão seus desabafos, suas confidências, seus dilemas, ideias, dúvidas, e até conselhos que dava a si mesmo. Certas confissões suas parecem-nos retiradas dos apontamentos de um adolescente: idealização do sexo oposto, anseio por ser amado, angústias humanas, temas vitais.

Escrevendo, Amiel escrevia-se. "Escreviver", conjunção de duas tarefas, dois processos criativos.[3] Um intensifica o outro. Um revela o outro. Escrever sobre a vida e viver a escrita, e na escrita. Em 21 de maio de 1876, Amiel pegou um dos seus cadernos, tomou da pena e escreviveu:

> Que fiz desde setembro último? Um trabalho sobre Mme. De Staël; *Les Etrangères*, 2.000 versos mais ou menos. *L'Escalade de 1602*, 450 versos, *Charles le Téméraire*, de 1.200 versos.

---

[3] Ou três processos criativos: escrever, viver e ver. Ver: GRÜNEWALD, José Lino. *O grau zero do escreviver*.

Presidi algumas sessões, fiz realizar um concurso de literatura, corrigi provas, reli La Fontaine, escrevi muitas cartas. Mas eis tudo. Devo ter prodigiosamente perdido tempo, vagamundeado, devaneado, tripudiado, mal trabalhado. Ah! Esquecia: estudei o século XV, com os cronistas e os *Volkslieder*, com os historiadores J. de Müller, Barante, Vuillemin, de Gingins, Daguet, Laurent, Zellweger, Comines, Delamarche, Cantu, Lavallée, Michelet: revi muitas poesias em diversas línguas antes de haver adoptado os meus sessenta e um trechos espécimes para as *Etrangères*. Reli Victor Hugo, Coppée, Sully-Prudhomme; li o quarto ano da *Critique philosophique*. Por que pois parece-me ter dormido? Porque o todo não difere muito de nada, e porque nove meses perdidos não são para a minha consciência mais do que fumo leve. Impossível levar-me a sério. Tudo o que faço parece-me um nada, uma brincadeira, uma forma de enganar o vácuo ameaçador que sinto em mim. Não tenho nem resignação, nem serenidade, nem esperança.[4]

Setembro era referência importante para Amiel. Era o mês do seu aniversário. Neste fragmento, relata suas atividades, suas traduções, suas leituras depois de nove meses, que não foram tão poucas e insignificantes como lhe parecem. Está com 54 anos, tem consciência da fugacidade do tempo, compara-se aos autores que lê, com Victor Hugo, certamente, contemporâneo seu, cuja obra monumental era reverenciada mesmo pelos inimigos políticos. Amiel sente-se inútil, estéril e medíocre. Não se leva a sério, vive melancolicamente, e ao mesmo tempo não se entrega. Continua escrevendo.

---

[4] AMIEL, Henri-Frédéric. *Diário íntimo*. p. 392-393.

Sua obsessão em analisar-se chamou a atenção de alguns estudiosos da psiquê humana. O médico e escritor Gregorio Marañón dedicou-lhe um livro, em que explica ter sido o interminável diário, para Amiel, verdadeira esposa, à qual se dedicava com fidelidade incondicional. Ainda que haja algo de mórbido em sua obsessão, este solteirão (também "casado" com Genebra, sua cidade natal) revela características invulgares, que conferem ao *Journal intime* qualidades inegáveis: *"la sensibilidad, la cultura y la capacidad meditativa"*.[5]

Podemos considerar Amiel um frustrado, vítima do câncer da timidez, narcisista incorrigível etc., mas ninguém dirá, lendo os trechos disponíveis de seu diário, que sua vida interior foi monótona. Não, não foi. Nessas inúmeras páginas, confessou paixões secretas, momentos felizes, deu mostra de pequenos lampejos de genialidade, acontecimentos que seguramente se dão na vida de todos nós, com a diferença de que a maioria não os registra em palavras, ou porque não pode, ou não quer, ou não sabe.

Amiel podia, queria e sabia. Fazia-o, em detrimento de uma vida mais ativa, talvez menos centrada em seus sentimentos e problemas. Mas Amiel sabia, sabia e queria. Mediante a palavra, livrava-se do tédio, do vazio, inclusive tematizando esse vazio e esse tédio. Como professor de estética, criou uma estética pessoal, com a qual despertava para a vida, a vida que lhe era possível. Era professor, tradutor, poeta, mas foi mais longe como repórter de sua própria existência, noticiando com diligência seus pensamentos e emoções, criando-se como personagem de si mesmo.

---
[5] MARAÑÓN, Gregorio. *Amiel*. p. 91.

Na manhã do dia em que fazia 31 anos de idade, mais uma vez conversou consigo e com as palavras, com ninguém e conosco, com Deus e todo mundo:

> A esta hora, completo os meus trinta e um anos... Sê puro, constante, fiel a ti mesmo, senhor de teus instintos, enérgico, crê em ti, não esperes a aprovação, a simpatia, o reconhecimento dos outros. Pensa em que tens uma obra a realizar, que o tempo perdido é um roubo feito a Deus, que o desencorajamento é uma fraqueza, e que a única paz é a paz da consciência, que somente alcançam a coragem e o devotamento. [...] Obrigado, repouso; obrigado, solidão; obrigado, Providência! Pude penetrar em mim, pude dar audiência ao meu bom anjo. Retemperei-me no sentimento de minha vocação, de meu dever, na recordação de minha fraqueza. Vamos, ano novo, traz o que quiseres, mas não me arrebates a paz, deixa-me a claridade da consciência, e a esperança em Deus![6]

O tema da felicidade

A apatia existencial ronda cada um de nós. A apatia e sua "cara-metade", a irritabilidade. A apatia é uma dessensibilização para o que há de valioso no viver. É um recuo em nosso desenvolvimento como pessoas. Um cansaço interior. Um cansaço absoluto, como naquele poema de Fernando Pessoa, ou melhor, de Álvaro de Campos. Escrito há mais de 70 anos, confirma aquela intuição de que o verdadeiramente poético acaba por ser profético. O sentimento de um homem do seu tempo, que vivia para além dele, antecipava em versos as sensações e dilemas que experimentamos hoje:

---

[6] AMIEL, Henri-Frédéric. *Diário íntimo*. p. 79-81.

O que há em mim é sobretudo cansaço —
Não disto nem daquilo,
Nem sequer de tudo ou de nada:
Cansaço assim mesmo, ele mesmo,
Cansaço.

A sutileza das sensações inúteis,
As paixões violentas por coisa nenhuma,
Os amores intensos por o suposto em alguém,
Essas coisas todas —
Essas e o que falta nelas eternamente —;
Tudo isso faz um cansaço,
Este cansaço,
Cansaço.

Há sem dúvida quem ame o infinito,
Há sem dúvida quem deseje o impossível,
Há sem dúvida quem não queira nada —
Três tipos de idealistas, e eu nenhum deles:
Porque eu amo infinitamente o finito,
Porque eu desejo impossivelmente o possível,
Porque quero tudo, ou um pouco mais, se puder ser,
Ou até se não puder ser...
E o resultado?
Para eles a vida vivida ou sonhada,
Para eles o sonho sonhado ou vivido,
Para eles a média entre tudo e nada, isto é, isto...
Para mim só um grande, um profundo,
E, ah com que felicidade infecundo, cansaço,
Um supremíssimo cansaço,
Íssimo, íssimo, íssimo,
Cansaço...[7]

Este cansaço superlativo bem o conhecem psicólogos e psiquiatras de hoje, que viram chegar às suas

---

[7] PESSOA, Fernando. *Obra poética*. p. 327-328.

clínicas, nas últimas décadas, homens e mulheres (e adolescentes) cuja preocupação deslocou-se das pulsões sexuais recalcadas para conflitos em que está em jogo o medo de ser um "perdedor" na sempre instável vida profissional, a compulsão em matéria de alimentação, consumismo, álcool, fumo, drogas e sexo, culpas inapagáveis, ressentimentos indeléveis, dificuldades crônicas para exercitar a liberdade de escolha, o medo de não ser mais belo(a) e não se sentir atraente, o medo da solidão depois de tantas relações amorosas precárias e passageiras, o medo de adoecer, envelhecer, e, por fim, o medo da morte.

O cansaço absoluto, a apatia existencial parecem insuperáveis. Onde encontrar forças para mudar? Não é à toa que as empresas buscam "alimentar" seus funcionários com palestras motivacionais. Não é à toa que tantos se entreguem a seitas que oferecem modos milagrosos de equacionar tudo e de resolver todos os problemas (emocionais, físicos, econômicos...). Não é à toa que os professores se perguntem, com angústia, o que fazer para animar os estudantes a... estudarem. Ou os pais se perguntem, com não menor angústia, o que fazer para seus filhos amadurecerem e assumirem compromissos. E não é à toa que procuremos também os produtos dessa religião sem templos (embora o shopping center funcione como tal), essa "religião do indivíduo moderno",[8] como definiu Edgar Morin, que nos oferece a ilusão do sorriso permanente, do corpo sempre saudável, da redenção afetiva, do trabalho apaixonante, do lazer perfeito.

O amor pelo infinito (seja o Infinito com "i" maiúsculo das doutrinas religiosas e afins, seja o

---

[8] MORIN, Edgar. *Cultura de massas no século XX*. p. 129.

prazer infinito, a segurança infinita etc.); o desejo do impossível (o impossível amor, o impossível sucesso, a impossível felicidade...); ou a demissão de qualquer desejo (conformismo *light* que nos torna alheios a tantos problemas), são todos idealismos que, afinal, ajudam-nos a acordar de manhã, ir para o trabalho etc., etc. O grave é quando não há nenhum tipo de idealismo, nem mesmo os que o universo materialista (avesso a ideais) nos concede. E esse cansativo vazio produz, como decorrência paradoxal, a irritabilidade, a impaciência, a agressividade, a incapacidade de suportar os outros (na família, no serviço, no trânsito, no estádio de futebol, e até nas relações virtuais via internet...).

Os temas vitais são entusiasmantes, a felicidade é um grande tema, talvez o maior dentre todos, mas nosso entusiasmo corre o risco de ser mera euforia, mera exaltação. Terminada a euforia, retornam a apreensão, a melancolia, a depressão, o desânimo, e somos capazes de assinar embaixo um pensamento que caiu em domínio público: "A vida é uma doença incurável, sexualmente transmissível, cujo prognóstico é a morte".

Mesmo assim, ou exatamente por considerarmos a vida uma espécie de doença congênita, recorremos à medicina e à ciência. Esta nossa crença remete a um idealismo ainda resistente, o da salvação pela pesquisa científica e pelo tratamento médico. Na *Folha de S.Paulo*, como em outros meios de comunicação, volta e meia novas descobertas acenam com a solução do problema da nossa felicidade, como esta recente notícia (de 8 de setembro de 2006):

> Pesquisadores da França descobriram um gene que pode servir de alvo para antidepressivos. Ao

desativar o gene em camundongos, eles viram os animais mergulharem num estado de aparente felicidade, como se tivessem tomado Prozac. O gene em questão, o TREK1, traz a receita para a fabricação de um canal de íons de potássio nas células do cérebro. Ele está ligado ao equilíbrio das correntes elétricas que fazem funcionar os neurônios. Em um estudo a ser publicado neste sábado na revista *Nature Neuroscience*, o grupo de Michel Lazdunski, do Centro Nacional de Pesquisa Científica da França, produziu camundongos sem o TREK1. Os cientistas notaram que, além de parecerem alegres o tempo todo, os animais tiveram um aumento nos níveis de serotonina (neurotransmissor ligado à sensação de bem-estar) e não liberaram o hormônio corticosterona, comum em roedores em resposta a estresse.

O grupo sugere que pequenas moléculas desenhadas para bloquear os canais de potássio codificados pelo TREK1 podem criar uma nova categoria de antidepressivos, que atuariam de maneira distinta do Prozac (este age diretamente aumentando os níveis de serotonina no cérebro) e, portanto, poderiam agir mais rápido e com menos efeitos colaterais.

Infelizmente (ou felizmente), a ciência pouco pode ajudar-nos na busca de uma harmonia total e invulnerável. (Não esqueçamos, no entanto, aquilo em que a ciência, dentro de seus limites, contribui para a humanização humana.) O certo é que novos "prozacs" não tocaram no que há de realmente importante no insolúvel problema. E não é de hoje. O antigo ópio, a chamada "planta da alegria", ou qualquer outra substância natural ou artificial deixam intacta a nossa questão.

Sem recorrer a remédios para a doença da vida (o que não tem remédio remediado está...), o cinismo, afetado ou sincero, inteligente ou grosseiro, bem-humorado ou casmurro, é outro tipo de saída. "A felicidade faz a pessoa generosa; e a generosidade acaba fazendo a pessoa infeliz",[9] diz Millôr Fernandes. (E não deixa de ter razão...). A vantagem dessa atitude cínica é que, pelo menos, o problema não se dissolve no horizonte.

Há ainda uma outra possibilidade, que considero realista, e autenticamente pedagógica, com todos os riscos que isso implica: voltar-se para a felicidade tematizada na literatura.

E, sobre este tema, penso particularmente num livro do dinamarquês Henrik Stangerup (falecido em 1998) – *O homem que queria ser culpado*. O protagonista, um escritor, enfrenta enorme crise pessoal e conjugal. Ele, a esposa e o filho vivem numa sociedade "avançada", em que o conceito de culpa foi abolido (e o de castigo também, por consequência). Tudo transcorre normalmente... As pessoas são incapazes de matar uma mosca.

O escritor, porém, acabará matando a esposa. Depois de beber um pouco mais, discute com a mulher, sente a indignação dominar seu corpo, bate nela:

> Não era mais dono dos seus atos – nublado pela ira, tinha a impressão de que seus olhos iam saltar-lhe das órbitas. Nas têmporas as veias dilatavam-se mais e mais e, por alguns instantes, sentiu como se fosse sua própria cabeça que estivesse sendo atirada de encontro ao chão. Nem mesmo quando ela começou a sangrar pela boca, parou.[10]

---

[9] FERNANDES, Millôr. *A bíblia do caos*. p. 230.

[10] STANGERUP, Henrik. *O homem que queria ser culpado*. p. 27.

Antes, há todo um processo de destruição do amor, da generosidade, da admiração mútua, da ajuda mútua, do espaço para conversar e conviver. Uma cena explícita de solidão a dois encontra-se logo no início do livro:

> Quando foi mesmo a última vez em que fizeram amor? Há dois meses atrás? Três? Sabia o que aconteceria, quando, daqui a pouco, fossem para o quarto. Ele se deitaria primeiro. Em seguida, viria ela para baixo das cobertas, com cheiro de sabonete e vestida naquela camisola assexuada que – desconfiava ele – usava para melhor mantê-lo afastado. Ele lhe daria umas batidinhas na face, com a esperança de que ela talvez se mostrasse um pouco mais receptiva, mas não, num relance adormeceria. Ele, depois de ficar cerca de uma hora olhando para o teto, seria por fim obrigado a descarregar suas fantasias eróticas com a própria mão, mas quieto, ah! sim, na maior quietude, para que ela não acordasse e perguntasse *se estava novamente fazendo aquilo*.
>
> Ainda uma hora se passaria antes que adormecesse, geralmente instantes antes de sentir pelas vibrações do colchão que era chegada a hora de ela se satisfazer a si mesma, sonhando com algo, ou alguém.
>
> Por quê? Por que haveria de ser assim? Que muro invisível era esse que se havia erguido entre eles, aos poucos, no decorrer dos... dos últimos dois anos, talvez?[11]

O vazio provocará a angústia, a angústia levará à irritabilidade, a irritabilidade ao descontrole, à violência. A falta de amor abre caminho para a indiferença,

---
[11] *Ibidem*, p. 18.

para o egoísmo, para a masturbação (este monólogo do corpo). Cada um dos dois vive o cansaço de ser si mesmo, a frustração mais dolorosa.

Torben, este o nome do personagem, não é acusado de ter matado a esposa. No mundo organizado em que vive, tudo deve contribuir para a felicidade. O homicida, portanto, não é acusado de nada. A culpa não existe e não deve existir.

O conceito de culpa foi abolido. São as circunstâncias que nos condicionam. Foram as circunstâncias que lhe mataram a esposa. Mas Torben reage. Quer ser responsabilizado. A ausência de reconhecimento da sua culpa impede-lhe o arrependimento, que lhe impede o perdão, que lhe impede a paz. Esta sequência psicológica foi interrompida. Resta-lhe a solidão mais profunda. O absurdo kafkiano às avessas, mas nem por isso menos absurdo. Se em *O processo* o personagem K é perseguido, condenado e executado (como um cão!) sem saber por que, Torben sabe que deveria ser condenado... e não o é.

A sensibilidade de Torben protesta. Ele intui que sua depressão, sua falta de inserção no mundo, a falta de sentido para viver jamais serão curadas com uma justificativa socialmente correta, por mais que a maioria esteja "do seu lado". Torben reivindica para si o direito de ser acusado de assassinato como único modo de salvar seu direito de ser livre. Insistente, torna-se perigoso para a ordem social estabelecida. Neutralizada a culpa pessoal, neutraliza-se também a consciência pessoal e, por conseguinte, a capacidade de crítica social. Se a sua culpa for resgatada, poderá também culpar a sociedade em que vive.

A normalidade está em ser falível e perfectível, e não em apagar os sentimentos contraditórios, "anormais" (de que normas eles fogem?), a incômoda voz interior que nos acusa, em nome de valores e virtudes que não basta elogiarmos... Sem a culpa, Torben deixa de ser si mesmo e reclui-se na imaturidade moral. Stangerup retoma e ficcionaliza a linha filosófico-religiosa de Kierkegaard, pensador dinamarquês do século XIX, na base da qual está a busca transcendental da individualidade.

O homem que queria ser culpado acaba por ser preso num manicômio (não posso deixar de lembrar *O alienista*, de Machado de Assis). E lá, planejando novos romances, vence uma esterilidade criativa que há muito o atormentava, reencontra sua mulher no plano da imaginação e do sonho, pede-lhe perdão, e finalmente se liberta. Pela literatura, reencontra o caminho do amor, reconstruindo Edith:

> Ele a descreveria quando amava, quando dormia com a face encostada no ombro e quando acordava e espreguiçava seu belo corpo. Sua descrição seria tão intensa que, por fim, ela reviveria, viria ao encontro dos leitores, seria abraçada por eles.[12]

Argumentos e temas

O pensador espanhol Alfonso López Quintás criou um método de interpretação de texto, o método "lúdico-ambital",[13] que se baseia numa visão relacional, em que leitor e texto entram em diálogo, entrecruzam suas possibilidades, na busca de aprofundamento das vivências humanas mais significativas. Sem menosprezar a análise dos pormenores estilísticos, o método

---

[12] *Ibidem*, p. 140.

[13] Publiquei recentemente uma apresentação deste método em: PERISSÉ, Gabriel. *A leitura das entrelinhas: método lúdico-ambital*.

procura ajudar-nos a mergulhar no tema da obra, a compartilhar de algum modo as experiências básicas ali configuradas, a captar a concepção de vida que pulsa na estrutura íntima de um poema, de um conto, de um romance.

Um método é caminho a ser trilhado uma e outra vez, pois é de sua natureza ser caminhado. Pode tornar-se velha rotina, se descuidamos o passo, mas pode renovar-se se soubermos, a cada caminhada, descobrir (parafraseando a antiga máxima de Heráclito) que ninguém entra no mesmo caminho duas vezes. Ou ainda: no mesmo caminho aprendemos que o *lógos*, em sua dinâmica, leva-nos a fazer descobertas que dependem de nossa sensibilidade, de nossa capacidade pessoal de renovar-nos como observadores e intérpretes do mundo.

Interpretar um texto como caminho de interpretação da vida humana. Daí seu poder formativo e seu interesse para a educação. A leitura como diálogo vivo entre mim e o texto.[14] Leitura dialogal, realizada com esforço e prazer, com criatividade e método.

Segundo López Quintás, "*toda lectura auténtica constituye una re-creación*",[15] frase que resume o método lúdico-ambital, cujo intuito não é o de substituir procedimentos adotados pelos especialistas em literatura, mas interpretar o texto literário, recriá-lo na perspectiva da formação do estudante (e do professor,

---

[14] Não só textos (literários ou não), mas obras de arte (o cinema presta-se maravilhosamente) e outras realidades, entre as quais as pessoas humanas, cujas potencialidades expressivas se manifestam em variadas formas: gestos, atitudes, decisões, palavras, olhares, modo de vestir-se etc.

[15] LÓPEZ QUINTÁS, Alfonso. *Como formarse en ética a traves de la literatura – análisis estético de obras literárias*. p. 62.

bem como do líder cultural), trazendo à luz importantes questões de ordem existencial.

Quando o leitor recria o texto, identifica sua melodia profunda, reproduzindo-a com uma voz pessoal, com uma visão de mundo pessoal, e confere ao texto a chance de viver. Pareyson diz claramente: "a execução é o único modo de viver da obra".[16] O executante, em virtude justamente de seu talento e sensibilidade, traz à luz os valores estruturantes da obra. O leitor desperta a vida originária do texto (despertando ele também, leitor, para a leitura da vida). Se há várias formas de despertar a vida do texto, uma certamente jamais a despertará. As que despertam chamam-se leituras lúdicas, pessoais e criativas. A que não desperta chama-se leitura arbitrária, superficial ou reducionista.

O método lúdico-ambital é um exercício de objetividade pessoal. O texto não se torna mero objeto das intenções de quem o analisa, nem este leitor permite que o texto o transforme num "objeto" sem biografia, sem ideias, distante e indiferente. López Quintás esclarece, em suma, que o método lúdico-ambital, graças ao envolvimento do leitor e ao caráter loquente da obra literária, traz à tona sentido e respostas, respostas e sentido que demandam de nós uma disposição nem sempre cultivada nas aulas de literatura:

> Nos cursos de ensino médio e universitário tivemos que aprender uma multidão de dados: nome de autores e obras, datas, manuscritos, influência de uns autores sobre outros, relação entre escolas literárias, mil e uma questões. Mas... aprendemos a penetrar no tema profundo de cada obra, e não apenas em seu argumento? Aprendemos a captar

---

[16] PAREYSON, Luigi. *Os problemas da estética*. p. 163.

o sentido de cada passagem, e não somente o seu significado mais óbvio? Todos vocês leram o maravilhoso relato de Saint-Exupéry intitulado *O pequeno príncipe*. Quando o piloto está mais do que nunca envolvido em sua tentativa de consertar o avião, percebe ao seu lado a presença de uma figura bem vestida, pequena, de aspecto simpático, que, sem apresentar-se, pede-lhe que desenhe um carneiro. Diga-me, leitor... que sentido preciso tem, nesse contexto, semelhante pedido? Interessa de fato, ao pequeno príncipe, ter o desenho de um carneiro? Veja. Se ficarmos presos ao desenho, tal como se entende um desenho, captaremos somente o argumento da obra, não o seu tema.[17]

A leitura como exercício dialogal e como descoberta surpreendente da realidade humana promove a lucidez. Intensificamos nosso existir, conscientes dessa intensificação, empregando na leitura nossa capacidade de pensar, imaginar, intuir, lembrar. Compreendemos melhor a incompreensível condição humana, captando os temas vitais (experimentando-os "por dentro", por assim dizer), temas que brotam das peripécias de um personagem, das aliterações e rimas de um poema, das imagens descritas por um escritor, do sofrimento de um ser ficcional, da alegria de uma criança inventada.

Esta ampliação da consciência é objetivo fundamental do ensino. Mais do que trazer dados e informações para a sala de aula, cabe aos professores (o "como fazer" é que é problemático) oferecer espaço para que o aluno aprenda. Deixar aprender mais do que ensinar, eis a difícil-fácil tarefa. Sugerir mais do que explicar. Ou em outros termos – permitir que o

---

[17] LÓPEZ QUINTÁS, Alfonso. *Como formarse en ética a traves de la literatura – análisis estético de obras literárias*. p. 17-18.

contato vivo com a literatura traga à tona temas vitais, faça brotar a reflexão responsável, compromissada e entusiasmante.

Em *A metamorfose*, de Kafka, o verme em que Gregor Samsa se transforma abre-nos os olhos para realidades sociais, psicológicas e espirituais dramáticas, mais próximas de nós do que poderíamos supor à primeira vista. Em *Lucíola*, de José de Alencar, o comportamento sofredor da protagonista angelical e demoníaca lança luzes sobre a corporeidade e a sexualidade femininas, não só do século XIX mas também do presente. Um poema como "A máquina do mundo", de Carlos Drummond de Andrade, descortina o conflito do agnóstico que sabe como ninguém identificar a presença do mistério, graças a uma sensibilidade poética e religiosa que muitos crentes não possuem (talvez porque sua crença é mais fanática do que inteligente). *Grande sertão: veredas*, de Guimarães Rosa, ensina-nos a sentir "por dentro" a dor, o júbilo, o medo da morte, o fascínio pelo mal, o ódio, o amor. Temas vitais.

Dos cinco passos sugeridos por López Quintás em seu método de leitura, o primeiro consiste em aprender a distinguir argumento e tema. Só este passo já contribui para um caminhar melhor.

Argumento é o que se lê de imediato, é o que se entende numa primeira leitura. É o literal. É o que se apresenta de imediato no texto. No romance, o seu enredo, a sua história, os fatos narrados, a descrição dos personagens, o que dizem, o que fazem. No poema, a sucessão de imagens, aquilo que o poeta vai expondo em seus versos. Já o tema corresponde ao *núcleo de sentido* em torno do qual o texto se organiza. O tema do romance, do conto, da crônica, do poema etc. remete a acontecimentos relevantes da vida humana.

A obra literária, como argumento, em geral é pura e simplesmente ficção, com todo o poder de realismo que isso implica. Gregor Samsa não existiu, nunca ninguém no mundo acordou transformado em inseto – Kafka imaginou essa situação. Riobaldo, protagonista e narrador de *Grande sertão: veredas*, não existiu e muito menos se apaixonou por uma mulher, Diadorim, que se vestia de jagunço – foi Guimarães Rosa o criador dessa história. Os temas presentes nestas e em outras obras conferem atualidade e pertinência à fabulação. As irreais situações de constrangimento por que passa a família Samsa remetem a outras situações familiares bem reais, embora não menos absurdas. As peripécias de Riobaldo revelam questões que dizem respeito à vida humana em todo tempo e lugar, e não apenas nos Gerais. Todo ser humano, como Riobaldo, está aberto a experimentar o amor conflituoso, o amor que a si mesmo se recrimina. E, relembrando Gregor Samsa, todo ser humano terá vivido situações em que sua dignidade foi aviltada, e, como consequência, passou por momentos mais ou menos longos de depressão.

Tema é aquilo que se *propõe*, não o que se *impõe*. O argumento exige que o acompanhemos linha a linha. Perder o fio da meada é ter de reler o trecho para retomá-lo. Já o tema está sempre oculto, à espera de nossa admiração, de nosso interesse, e até do nosso filosofar, isto é, da nossa abertura para a realidade, e do estudo sobre a própria condição humana, a nossa condição de seres finitos, encantadora e aflitiva, pois ao mesmo tempo que sabemos ser necessário aceitar nossas circunstâncias como um fato (como factual e como fatal...), ansiamos por compreender e superar esta finitude.

CAPÍTULO III

LEITURA E DESCOBERTAS

A leitura como aprendizado

O mundo editorial tenta despertar o interesse pela leitura do grande público (e compensar a baixa venda de títulos verdadeiramente valiosos) oferecendo-lhe textos de autoajuda, nos quais, como se fossem meros "recipientes", os autores despejam (auxiliados por especialistas em fabricação de *best-sellers*) pensamentos requentados, extraídos não raro da obra de filósofos e sábios, frases superpostas de acordo com "estratégias de convencimento", num mix de fácil assimilação, cujo resultado são obras para "levantar o astral".

Estamos longe de questionamentos e indagações sobre temas vitais à pessoa humana, a menos que reduzamos esses temas à necessidade de "administrar" o cotidiano, causar boa impressão na sociedade e buscar o sucesso profissional, como nos autorizam a pensar títulos que encontramos nas livrarias: *Aprenda a usar o tempo: saiba como equilibrar vida pessoal e profissional e encontre o bem-estar, Criando filhos vitoriosos: quando e como promover a resiliência, Reinventando a si mesmo: como se tornar a pessoa que sempre quis ser, Do que as mulheres gostam: etiqueta essencial para homens, Manual do homem para sobreviver à gravidez...* e outros do gênero.

(A propósito, o *best-seller*, "besta-seller", como dizia o sarcástico poeta português Alexandre O'Neill, tornou-se uma *commodity* como outra qualquer, num mercado que dessacralizou o livro e bajula o leitor iletrado. Muitas editoras absolutizam o aspecto comercial: planejam, encomendam, lançam, faturam... e desprezam poesia de qualidade.. autores nacionais promissores...)

Se nossa opção educacional (e intelectual) for por uma pedagogia da prosperidade material, a literatura será útil, sim, mas apenas na medida em que forneça "assunto" e "brilho" em nossas conversas superficiais ou contribua para, entre um aperitivo e outro, "esquentar" negociações muito mais sérias, certamente, do que uma citaçãozinha poética do estilo (injustiçado Fernando Pessoa!) – "tudo vale a pena se a alma não é pequena"...

Prefiro ver a leitura a salvo dessa instrumentalização imediatista. Vê-la no quadro da experiência humana mais radical, aquela que nos leva a transcender (sem necessariamente negarmos) o circunstancial, a sobrevivência imediata, as requisições da sociedade competitiva. Leitura como libertação (eu leio um livro para ver se me livro, parafraseando uma frase de Adélia Prado), como "ingrediente" na tarefa de encaminhar nossa vida (encaminhar bem e para o bem).

Segundo antigos ensinamentos, devemos aprender a executar uma atividade ou exercer determinado ofício, não só pela necessidade de ter uma profissão, de ganhar a justa remuneração, ou pelo gratificante reconhecimento social que possamos receber, mas em vista do prazer que nasce do próprio aprendizado. A instrução, a aquisição de conhecimento não se separa do deleite. O entendimento é fonte de alegria. Ambos são sinais de que o saber saboroso nos torna mais sábios, mais humanos.

A leitura como aprendizado saboroso, um dos mais exigentes passatempos (o mais nobre, segundo Bach e Mozart, seria a música, mas são eles demasiado suspeitos...),[1] não só porque o tempo passa de outro modo, de modo pleno, e nele transcendemos a escravidão do relógio, mas porque, retomando uma palavra grega rica em sentido, assumimos a condução de nossa vida – *diagogé*.

Para o termo "*diagogé*", entre outras traduções, podemos escolher "recreação", que não é mero recreio, mera dispersão, mero intervalo entre dois períodos de verdadeira utilidade. Recrear-se é recriar-se, viver de novo, restabelecer-se. No século XIV, os monges beneditinos aprendiam que era necessário, como consequência de sua vocação, "os pobres recrear", ou seja, ajudar os pobres a recuperarem a alegria de viver, a alegria de serem pessoas dignas, e não somente dar-lhes uns momentos de diversão, evidentemente.

Recreação como tempo livre, livre das coerções externas, das preocupações esmagadoras; tempo livre porque destinado a aprender, livre para que experimentemos sem obstáculos as atividades humanizadoras: o admirar-se perante o entorno, o buscar as causas e o fundamento da realidade contemplada, o dialogar inteligente e bem-humorado com outras pessoas sobre temas vitais, o descobrir do que, encoberto nas entre-

---

[1] Ouvi de um professor que o sociólogo Peter Berger afirmava ser a sociologia o melhor e mais nobre passatempo mental. Imagino que um matemático diga o mesmo com relação à matemática... e um enxadrista com relação ao nobre jogo do xadrez... um escultor com relação à sua nobre arte... E todos têm razões de sobra para afirmarem o que afirmam.

linhas do texto da vida, guarda respostas para nossas prementes perguntas.

A leitura na *diagogé* é descoberta, eclosão do pensamento pessoal (que se alimenta da lembrança); é lembrar-se, portanto, do que o ritmo corrido da vida (especialmente da vida transcorrida e supercorrida nos grandes centros urbanos) e do tempo hipermoderno nos impede de lembrar. Lembrar-nos do que nos torna realmente humanos.

E o que nos torna realmente humanos? A *diagogé* é posse (sempre fugaz) da vida em plenitude. Momentos de plenitude humana. O momento é o microtempo, o tempo menor (mas nem por isso menos intenso), que desejamos multiplicar. Talvez por isso Jorge Luis Borges dissesse que, ao ler autores do passado, recuperamos séculos de vida e experiência. Que ler Homero, Dante ou Boccaccio significa apropriar-se do tempo que deles nos separa, refazer esse tempo, crescer em maturidade por força da união, mediante a palavra, com nossos (des)semelhantes.

Ler ou não ser...

Já se definiu o ser humano como um ser que nasceu para resolver problemas. E problemas nunca faltam, alguém poderia completar. Contudo, o primeiro problema que precisamos identificar e resolver é justamente este: quais são os nossos problemas cruciais?

Allan Bloom, em seu *O declínio da cultura ocidental*, queixa-se da falta de profundidade e altitude intelectual dos muitos jovens universitários que conheceu. A título de exemplo, conta que, perguntando aos alunos o que é o mal, obteve certa vez a resposta unânime e imediatista: "Hitler". Com efeito, Hitler não passa de uma referência histórica, é apenas uma imagem ou uma metáfora das crueldades do século XX, não uma definição metafisicamente válida do mal. Foi mau, mas não é o mal.

Em geral, criticamos a falta de leitura ou a leitura restrita aos *best-sellers* e livros de autoajuda (ou a uma certa leitura de cunho espiritual de pouca profundidade) pelos prejuízos imediatamente visíveis: repertório limitado, desconhecimento das grandes referências literárias e culturais, raciocínios simplistas, argumentação primária. Mas o mais grave não é isso. Sem tornar a leitura o 11º mandamento da lei de Deus, o que de mais prejudicial pode acontecer com alguém que não tenha o hábito de ler, e ler obras de valor, é a pobreza e insegurança existenciais.

Certa livraria, faz alguns anos, caracterizou muito bem essa deficiência radical com o *slogan* "Ler ou não ser". E, para citar um exemplo tragicômico, li certa vez numa redação escolar a palavra "séquiço", irresponsabilidade ortográfica que mostrava que o autor da redação nada ou pouco lera sobre o assunto. Dupla irresponsabilidade!

Ou se é pleno ou se é plano. Ou a pessoa dialoga com a cultura, com a literatura, com as "turas deste mundo", e se eleva, encontrando em si o melhor e fazendo desse melhor uma pauta de conduta, ou passa a caminhar no nível mais horizontalizante, que tende ao declive, ao infra-humano, aos estados infracriadores. Boa parte da plenitude intelectual e humana de que tanto sentimos falta obtém-se na leitura, nessa "agricultura" mental que consiste em colher das palavras o sabor e a substância.

Guimarães Rosa referia-se às pessoas analfabetas para as entrelinhas. Ler é mais do que decodificar um texto. A leitura eficiente vê o não escrito. Uma leitura das entrelinhas é leitura meditada. Meditar, aceitando uma etimologia imaginária (mas muito sugestiva), é *me ditar*, é ditar-me palavras maduras, que nascem da reflexão, da disponibilidade para ouvir em minha mente uma voz mais verdadeira.

Voz capaz de nos sussurrar o que realmente é importante, ou seja, o que de fato contribui para a humanização do homem, tão propenso a permitir que os seus instintos mais baixos... falem mais alto.

A leitura não é, na sua forma legítima, uma fuga da realidade. É uma fuga *para a realidade*, como sabem todos os poetas e prosadores. Mas exige do leitor uma qualidade, um interesse, uma preocupação: o desejo sincero de encarar os grandes problemas, sem querer resolvê-los, dissolvê-los, extingui-los, como se o ser humano fosse onipotente. Porque também somos tentados pela pretensão de ser mais altos do que somos...

Jonathan Swift, em *As viagens de Gulliver*, mostra-nos o náufrago aprisionado por aqueles corajosos habitantes de Lilipute. Sim, tinham ali um grande, um enorme problema! Como alimentar aquele monstro? Como mantê-lo vivo e preso ao mesmo tempo? E entre os variados conselhos que o rei daquele povo recebeu, um deles destacava-se pela praticidade, pela "objetividade": o melhor, recomendava um dos liliputianos, seria matar o *"Man Mountain"* de fome ou com setas envenenadas. Solução rápida e definitiva, que não resistiu a uma reflexão um pouco mais imaginativa.

Pois, liquidado o "Homem Montanha", o que fazer depois com seu cadáver? Como transportá-lo? Como enterrá-lo? Aquela carcaça gigantesca apodreceria, e poderia causar uma peste que se alastraria por todo o país, matando a população. Aquele problema assim tão facilmente resolvido acarretaria um problema agora sim insolúvel.

E temos aí uma bela metáfora.

Muitos dos gigantescos problemas que surgem subitamente nas nossas praias como coisas que vêm dos mares desconhecidos, e são quase infinitamente maiores do que nós, e podem nos esmagar, e são de fato impossíveis de remover, quando finalmente liquidados tornam-se mais perigosos e fatais. Se eu "mato" o problema da morte com as setas envenenadas da superficialidade; se eu "mato" o problema do amor aplicando-lhe o golpe do pragmatismo; se eu "mato" o problema do bem e do mal com a forca do relativismo... é a mim mesmo que estou liquidando. Esses problemas, aparentemente resolvidos com um golpe só, continuam a subsistir na forma de focos de doença.

A solução imaginada no livro de Swift também é instrutiva. Resolveram propor a Gulliver que, em troca de liberdade de movimentos e alimentação, obedecesse a oito artigos de um verdadeiro contrato. O gigante deveria cumprir uma série de exigências: não se deitar nos campos de trigo, tomar cuidado para não pisar em nenhum dos pequenos habitantes do reino, ajudar nos correios mais urgentes, na guerra contra os inimigos, nos trabalhos em que fosse preciso transportar grandes pedras, enfim.

E é justamente esse "contrato" de convivência (e não de conivência...) que uma pessoa deve estabelecer com os grandes e à primeira vista intratáveis problemas da vida. Problemas cruciais, cruzes pesadas e dolorosas. Um contrato em que possamos encarar os problemas sem ilusões, tirando o máximo partido deles.

Os escritores geniais (e mesmo os medianamente geniais) nos ensinam que o conflito, o medo, o ódio, o mal são condimentos necessários para que a história seja uma boa história! E os tematizam para o próprio bem da história. O adultério, por exemplo, desagradabilíssimo episódio na vida de qualquer casal, torna-se, nas mãos de um Machado de Assis, de um Nelson Rodrigues, de um Evelyn Waugh, de um Dostoiévski, visão lúcida dos abismos. Nos quais a queda é tantas vezes inevitável.

Os grandes problemas da vida prenunciam catástrofes, desfechos trágicos, assassinatos e suicídios, mas podem também ser o ponto de partida de *eucatástrofes*,[2] termo inventado por J. R. R. Tolkien – desfecho pleno de luz e de sentido de uma história em que o mal, o erro e a injustiça fazem da terra da Fantasia (e da nossa terra, sem fantasias...) um lugar perigoso, cheio de armadilhas, falsos amigos, florestas dominadas por espíritos vingativos. A maldade contra o inocente, a crueldade, o ódio são absorvidos pelo bem, numa história que, contada, organiza o real, harmoniza os seus contrários, de modo que possamos aceitá-lo tal como é, e conviver com ele, e dele obter sabedoria.

A propósito, o autor de *O senhor dos anéis* faz uma consideração intrigante sobre este "final feliz", característica central dos contos de fadas e de tantos relatos que povoam nossa sensibilidade. Tolkien afirma que toda história que se preze deverá, sem poupar seus personagens dos mais assustadores tormentos,

---

[2] TOLKIEN, J. R. R. *Cuentos de hadas*. p. 186. A catástrofe é o desfecho, puro e simples. A última estrofe de um poema de aventuras. Podemos pensar também, e Tolkien a menciona no mesmo livro, na discatástrofe, aquele momento em que tudo parece perdido e desesperador.

concluir-se em eucatástrofe, que ele compara, baseando-se em sua fé católica, com as duas eucatástrofes do Evangelho: o nascimento de Cristo (final feliz da história humana até aquele momento) e ressurreição de Cristo (final feliz da história da Encarnação do Verbo).[3] Para entendermos este raciocínio, precisamos levar em conta que, no modo de ver deste escritor inglês, Fantasia e Criação não se opõem, e Deus é o Senhor dos anjos, dos homens... e dos elfos.

Uma pessoa capaz de ler o mundo como uma história terrível (e no entanto maravilhosa) concilia em si o desconcerto e a esperança, o medo e o amor. E é na leitura amorosa dos livros, dos grandes livros, que conseguimos desenvolver esta capacidade. Capacidade de perceber na história do mundo e na biografia pessoal uma *continual allegory*, como escrevia o poeta John Keats numa carta ao seu irmão, George Keats, e esposa.[4] Perceber que a ficção diz o que está interdito (e inaudito), que insinua a verdade nua, capaz de matarmos numa visão direta.

Talvez o nosso grande problema seja este: não suportar sequer a hipótese de olhar os nossos maiores e intoleráveis problemas. O que é compreensível, e até humano. Demasiado humano. Mas o homem sonha à noite, e nestes sonhos a fantasia denuncia a realidade.

---

[3] O poeta Murilo Mendes, parece-me, vislumbra no Juízo Final a derradeira eucatástrofe, quando diz, no poema "Fim": "Eu existo para assistir ao fim do mundo./Não há outro espetáculo que me invoque./Será uma festa prodigiosa, a única festa./Ó meus amigos e comunicantes,/Tudo o que acontece desde o princípio é a sua preparação.//Eu preciso presto assistir ao fim do mundo/Para saber o que Deus quer comigo e com todos/E para saciar a minha sede de teatro." (MENDES, Murilo. *Poesia completa e prosa*. p. 328-329)

[4] KEATS, John. *The letters of John Keats*. 2:67, 14 de fevereiro-3 de maio de 1819.

Porque ler é sonhar acordado (com direito a alguns pesadelos). É acordar do falso sonho dos imediatistas, dos calculistas, dos que exaltam o critério custo-benefício e tratam tudo como uma questão de "investimentos" e "retorno". Ler criativamente é despertar para a real função da linguagem: "exprimir as relações das coisas".[5] Estes arco-íris, pontes ilusórias "entre as coisas eternamente separadas",[6] como dizia Nietzsche.

Num padrão de comunicação assintático, de que o telejornal é o distintivo típico, com seus "blocos" sucessivos, sem coordenação ou subordinação, dentro dos quais noticiam-se o desastre aéreo no Turquistão, o nascimento de um jacarezinho no zoológico, o movimento do comércio às vésperas do Dia das Mães, a previsão do tempo para amanhã, a insanável corrupção política, o terremoto no Japão e a seca do Nordeste, a receita culinária e o assassinato cruel, tudo num mesmo plano, como se fossem todas as notícias e todos os fatos quase da mesma magnitude, sem um "porém", sem um "portanto" que os relacione, concretizando em nossas mentes, afinal, o absurdo, e nos deixando perplexos... diante de tal padrão comunicativo, a leitura que faz pensar, perguntar, inteligir (*intus* + *legere* = ler de dentro e por dentro) torna-se condição *sine qua non* para não perdermos o fio da meada. Mais ainda: para descobrirmos e termos em mente, com clareza, de onde veio e aonde vai esse fio!

Em suma, ler ou não ser.

Ler ou não ver. Ler ou não ter a força criativa de organizar com os olhos o volume e o peso do caos.

---

[5] WEIL, Simone. *A gravidade e a graça*. p. 3.
[6] NIETZSCHE, Friedrich. *Assim falou Zaratustra*. p. 259.

Paixão e leitura

O leitor criativo acompanha com interesse, e com senso crítico, o argumento, mas não perde de vista o tema. E é sobre o tema, à luz do trabalho criativo do escritor, do poeta, que deveremos refletir, tema que terá sido trabalhado literariamente com maestria, de modo passável ou sem a qualidade que esperávamos.

Mario Vargas Llosa explica numa carta a um fictício futuro jovem romancista que "nenhum tema é bom ou mau em literatura. Todos podem ser ambas as coisas, e isso não depende do tema em si, mas daquilo em que um tema se converte quando se materializa num romance por meio de uma forma, ou seja, de um estilo e uma estrutura narrativos."[7] Todos os temas são ou podem ser interessantes, sobretudo quando tratados por escritores de talento. Na realidade, com quanto mais talento o tema é tratado, maior é a contundência com que ele surge para nós.

O tema da violência gratuita, por exemplo, pode ser tratado de maneira inesquecível e genial como no livro *A laranja mecânica*, de Anthony Burgess,[8] de maneira forte, original, em *A cidade de Deus*, de Paulo Lins, ou de maneira sofrível, como no conto de Ignácio Loyola Brandão, "Um tiro certeiro" (incluído na coletânea *Contos cruéis*), em que a sucessão de mortes recai num "violentismo" decepcionante, o que de forma alguma descarta a possibilidade de uma análise produtiva, de uma compreensão do próprio

---

[7] VARGAS LLOSA, Mario. *Cartas a um jovem escritor.* p. 29.

[8] Faço uma análise deste romance em: PERISSÉ, Gabriel. *A leitura das entrelinhas: método lúdico-ambital.* p. 9-81.

"violentismo" adotado (jamais subestimemos um autor, sobretudo quando já demonstrou "bons serviços" à arte literária), pois não deixa de ser um retrato do cotidiano e das agressões que sofremos.

De certo modo, os temas independem do argumento. Alfred Hitchcock contava uma historinha que ratifica tal (relativa) independência:

> Havia certa vez um roteirista que sempre tinha suas melhores ideias no meio da noite e, quando acordava de manhã, não conseguia se lembrar delas. Finalmente, pensou: "Vou pôr um papel e um lápis ao lado da cama, e quando a ideia chegar poderei escrevê-la". Então o sujeito se deita e, evidentemente, no meio da noite acorda com uma ideia fantástica; escreve depressa ideia e readormece todo contente. Está se barbeando e pensa: "Ah! essa não! Tive de novo uma ideia fantástica na noite passada mas agora esqueci. Ah! é terrível... Ah! mas que nada, não esqueci, tinha meu lápis e meu papel". Corre até o quarto, apanha o papel e lê: "Rapaz se apaixona por uma moça".[9]

O roteirista sabia, no fundo, que todos os temas são simples e estão disponíveis. Há até quem diga que muitos dos mais decisivos são pequenos monossílabos: dor, bem, mal, pai, mãe, Deus, fé, lar, eu, tu... ou, no máximo, dissílabos: amor, morte, vida, humor, medo, sexo, guerra, culpa, tempo, dever etc.

O tema "rapaz se apaixona por uma moça", ou, ainda mais simplesmente, o tema "paixão" pode materializar-se em argumentos medíocres ou fascinantes. Nas mãos de um Shakespeare teremos *Romeu e Julieta*. Nas mãos de um Paulo Coelho teremos *O Zahir*. Este

---

[9] TRUFFAUT, François. *Hitchcock/Truffaut – entrevistas*. p. 262.

último, devo confessar, não obstante esteja atrasadíssimo na leitura dos gregos (como dizia Drummond), dos gregos e de outros autores fundamentais, apesar disso dei atenção ao lançamento tão alardeado. Decidi ler *O Zahir* com isenção, sem antecipar críticas, disposto, com sinceridade, a ser conquistado para as fileiras de admiradores nacionais e internacionais do escritor brasileiro mais conhecido no planeta.

Traí minhas louváveis intenções a partir da página 22 das 300 que o livro tem. Caneta em punho, o meu exemplar ficou repleto de anotações perplexas, perguntas desesperadas, riscos, pontos de interrogação, de exclamação... O tema é maravilhoso (quem ousaria afirmar o contrário?), mas a história é simplória, as construções gramaticais são primárias, há lugares-comuns para dar e vender... E como vendem!

Ao longo do livro, sem a menor sutileza, o autor distribui autorreferências. O protagonista é o escritor Paulo Coelho disfarçado de Paulo Coelho. Elogios velados (ou nem tanto) a si mesmo, como escritor incompreendido pela crítica, como escritor cujo poder está em ter acolhido em sua vida o milagre de ser escritor. Diálogos entediantes, mergulhados na espiritualidade aguada de sempre, um estilo sem estilo que, como demonstra Janilto Andrade, não exige do leitor esforço mental ou consciência social, produzindo reações desprovidas de encanto e novidade. Os leitores de Paulo Coelho, que o apreciam e o prestigiam, são

> entes-zumbis atirados no abandono e na solidão urbana, fatigados, cheios de vazio de uma rotina sufocante, perplexos diante da tirania do apelo ao hedonismo e ao consumo, imprensados pelo

egoísmo, e que só têm olhos para a urgência da sobrevivência individual.[10]

Num dado ponto da leitura, percebi que estava dando voltas e mais voltas no mais inóspito deserto, e que volta e meia sempre aparecia o advérbio "sempre", em construções como "Esther sempre comentara..." (p. 15), "aquele tipo de coisa que sempre..." (p. 22), "tomar chocolate quente com Esther sempre que..." (p. 23), "Esther sempre descrevia..." (p. 24), "tanto eu como Esther sempre..." (p. 26), "logo eu, que sempre..." (p. 27), "elas sempre em busca..." (p. 30), "sempre poderei ser..." (p. 34), "Sempre poderei voltar..." (p. 34), "sabendo que sempre posso..." (p. 35), "que está ali com seu jeito sempre silencioso..." (p. 37) – fiquei hipnotizado, jamais vi tantos "sempres"...

Folheei com rapidez as 90 páginas derradeiras, li as duas últimas sem surpresa e sem remorso. O tema, em si atraente (o amor obsessivo que domina o pensamento do marido abandonado e o impulsiona a buscar a amada), acabou soterrado em toneladas de frases insossas e incoerências linguísticas.

Esta triste experiência de leitura, sem dúvida muito instrutiva (um pouco de "pensamento positivo" não faz mal a ninguém...), demonstra que se, por um lado, os temas vitais encontram-se à disposição de qualquer mortal (ou imortal, pois Paulo Coelho tornou-se membro da Academia Brasileira de Letras em 2002...),[11] e possuem estatuto próprio, não basta fomentar boas

---

[10] ANDRADE, Janilto. *Por que não ler Paulo Coelho...* p. 23-24.

[11] A título de curiosidade, o discurso de posse de Paulo Coelho na Academia inicia-se com uma citação em latim: "*Sic transit gloria mundi*", retirada de uma epístola de Paulo de Tarso (seu xará), calculada alusão à melhor tradição cristã... com um toque de classe e erudição.

intenções e colecionar temas vitais para ser um escritor cujas obras valham a pena ler.

E quanto aos temas, necessitam "casar-se" com uma trama de acontecimentos que explore sua potencialidade, ou tornar-se-ão belos temas dependurados no distante empíreo, realidades autossuficientes... que nem precisariam ser lembrados.

O tema da paixão, ou das paixões, presta-se a uma fecunda reflexão no âmbito exclusivamente filosófico. Filósofos profissionais têm seus próprios recursos e métodos. Saberão discutir a questão, com base em Aristóteles e Kant, Descartes e Hegel, estabelecendo distinções sutis entre o moral e o psicológico, e demonstrando que, empregada no sentido corrente de paixão pela arte, pela verdade, pelos livros etc., a palavra pode receber conotação pejorativa (ênfase no que há de cegueira na paixão, porta aberta para obsessões e fanatismos) ou conotação elogiosa (ênfase no que há de impulso heroico).

E essa reflexão é apaixonante. Tanto mais quando o filósofo, mesmo este modesto pensador que cada um de nós é, que faz filosofia quando o semáforo fecha (o tempo que temos... as circunstâncias em que estamos, a cotidianidade), mesmo quando, sem ostentar necessariamente o título de filósofo, este modesto pensador percebe que pode usar como ingrediente e como condimento de seu pensar a leitura de um romance, um conto, um poema. A leitura como um descortinar, um abrir as cortinas, a fim de que vejamos pela janela o que acontece fora de nós!

Nossas descobertas intelectuais não ocorrem fora do contexto existencial. A "ficha cai" – brasileirismo genial –, ou seja, entramos em contato com a realidade quando com ela dialogamos, carregando a relatividade de nossos juízos, o que nada tem a ver com o relativismo, pois essa relatividade, da qual temos consciência, produz o intento de corrigir o rumo sempre que necessário. O relativismo é um dogmatismo disfarçado. Ambos temem uma pedagogia do erro, como a propõe Hilton Japiassu: o erro possui "uma função positiva na gênese do saber".[12]

A literatura nos ajuda a realizar essas descobertas descortinadoras. Descobertas feitas em diálogo com autores que jamais conheceremos fisicamente (mas que conheceremos pelo ato da leitura), com seus personagens, muitos deles até menos bizarros que seres humanos de carne e osso, com os ambientes e situações criadas, com as imagens, com os símbolos (símbolos são coisas vivas...). Não se trata, portanto, de monólogos intrincados, que devemos marcar com rosto sério, voz pausada e grave, como quem se sente capaz de definir o destino do universo com o poder da mente. Descobertas são descobertas, no sentido mais simples da palavra: ver o que antes não se via, e admirar-se!

Descobertas como fruto de uma ação humana bem específica, cheia de prazer trabalhoso e trabalho prazeroso, a leitura, em que entram em jogo os valores que prezamos (talvez menosprezados por outras pessoas), nossa experiência intransferível (mas comunicável), nossa sabedoria de vida, insipiente ou incipiente, nossos gostos misturados a desgostos, nossas queixas, nossos aplausos, nossas preferências (e manias), nossos desejos, frustrações, certezas e hesitações.

Essa leitura apaixonada, viva, vivificadora, conduz a um pensar que integra o desintegrado, faz conexões

---

[12] JAPIASSU, Hilton. *Nem tudo é relativo: a questão da verdade*. p. 155.

entre os opostos, descobre (talvez invente...) nexos entre realidades afins ou contrastantes. Nexos, por exemplo, entre alegria e dor, entre saudade e desespero, entre sexualidade e divindade, entre magia e tecnologia, entre literatura e educação...

A literatura forma nexologistas

"A rigor nós não podemos sequer falar do realismo como um tema literário, já que se trata da categoria artística por excelência."[13] Em outros termos, o real não é algo externo à ficção, à poesia. O real se manifesta no literário. Por isso, como dizia Mário Quintana em tom de brincadeira, e muito a sério, a poesia é uma fuga... para a realidade. Os escritores não se veem como seres alienados, alheios, desconectados. Suas histórias e imagens, seus versos e metáforas são maneiras de atingir o núcleo do real, compreendendo sua trama, sua estrutura dinâmica.

O contato com a literatura não é mero contato, é encontro. Neste encontro, ocorre a fruição. Fruir é desfrutar, colher os frutos, sem realizar demasiados esforços, o que não significa ler preguiçosamente... como quem nada quer. Ler é colher, escolher entre as linhas do texto aquilo que nos é oferecido. Um colher receptivo, se posso me expressar assim. Uma recepção ativa. Uma troca, porque também o livro cresce, ganha relevância, quando lido de maneira criativa.

A leitura provoca dissonâncias e consonâncias. Agita a água parada da nossa percepção de mundo. Problematiza. Reafirma e contesta. Provoca. É uma experiência e, como toda experiência, mais perigosa do que se pensa. A experiência nos torna expertos

---

[13] PORTELLA, Eduardo. *Teoria da comunicação literária*. p. 59.

(com "x" mesmo). Etimologicamente, *expertus* é aquele que experimentou, que se expôs ao perigo de errar (e de acertar!), que foi comprovar hipóteses, verificar suspeitas, que se lançou no estudo vivo da realidade. E, nesse ato de conhecer o inusitado, viveu o *periculum*, palavra latina que podemos traduzir como "tentativa", tentativa e perigo que levarão a vitórias existenciais, ao amadurecimento, ou redundarão em fracassos, mas sempre, em última análise, trarão aprendizado.

Que tipo de especialista uma pessoa se torna por dedicar-se à leitura de contos, poemas, romances? Especialista em nexos. Um livro pode gerar dissonâncias, dissonâncias que provocam novas descobertas. Descobertas de nexos profundos entre coisas que pareciam inconciliáveis, e impensáveis.

A casa dos budas ditosos, de João Ubaldo Ribeiro, esteve entre os livros mais vendidos no ano de 1999. Talvez muitos o tenham lido por se tratar da suposta transcrição do depoimento de uma senhora de 68 anos que conta, com detalhes, sua vida sexual obsessiva, ilimitada, incestuosa, da qual participam tio, irmão, professores, amigos e desconhecidos, homens e mulheres, padres, freiras, jovens e velhos. Uma orgia contínua, desenfreada, inverossímil. Leitores interessados, talvez, em cenas picantes e vocabulário obsceno, que gostam de se chocar, como o próprio João Ubaldo disse numa entrevista: "confesso que fico chocado com essa senhora provecta do livro".

Não se trata de um livro pornográfico no sentido corrente da palavra. Nota-se que foi escrito com profissionalismo. Até com um certo desprazer, sinal de um objetivo acima de qualquer suspeita: produzir a obra que quer ser produzida, e que "utiliza" o escriba como veículo de sua realização. O livro pode chocar, e choca, mas não tanto pela pornografia em si, embora seja pesada.

Um outro tipo de leitor ficará chocado com a pornografia moralista da personagem. E esta é uma descoberta. Estabelecemos aqui um nexo. João Ubaldo fez uma revelação psicológica sutil, nas entrelinhas, sem alarde, o que retira a obra do catálogo do erotismo barato e a inclui no da filosofia. Nosso hábito de sussurrar – "moralistas", "dogmáticos", "intolerantes" – ao ouvir quem prega contra determinados comportamentos sexuais nos impede de ver o moralismo dos que fazem do sexo um deus a quem devemos sacrificar tudo: tempo, dinheiro, consciência, compromissos, tudo. A luxúria é, na verdade, extremamente dogmática e intolerante. Os 10 mandamentos da luxúria se resumem num só: gozai com o próximo, e com o próximo, e com o próximo...

Ao longo do relato, a personagem vai teorizando, palestrando, pontificando, criando verdadeiros dogmas, agredindo quem considera atrasado e ignorante. O atrasado e o ignorante merecem o inferno da virtude e do tédio. Mas, enquanto houver leitura, a narradora-protagonista ainda tentará nos converter ao fundamentalismo sexual que a obseda. A vida é sexo. O problema é sexo. A solução é sexo. Mais ainda, ela deseja libertar as mulheres de um falso e inibido feminismo, e excitá-las, e abrir-lhes o horizonte da absoluta sexualidade: "quero [com esse texto] provocar muitas trepadas, quero que maridos, namorados e pais assustados as proíbam de ler, quero que haja gente com vergonha de ler em público ou mesmo pedir na livraria".[14]

---

[14] RIBEIRO, João Ubaldo. *A casa dos budas ditosos*. p. 132.

Dessa personagem-autora com intenções tão nobres só sabemos as iniciais, C. L. B., e que sempre teve dinheiro e que tinha... pavor de ter filhos. Mais tarde descobriu ser estéril. Ou será que a esterilidade, no seu caso, era uma doença provocada pelo amor reprimido? De qualquer forma, sente-se superior a todos, física, social e intelectualmente. E para provar que pornografia não é sinônimo de baixaria cultural, cita, com evidente lascívia literária, Shakespeare, Robert Graves, Freud, Skinner, Spinoza, Goethe, Robbe-Grillet, Lacan, Dante, Sartre, Euclides da Cunha, Bernard Shaw, Henry James. Cita-os e os julga com uma sem-cerimônia total. À medida que conta histórias mirabolantes, aperfeiçoa sua filosofia de vida, multiplica axiomas.

Um dos seus dogmas: "Todo homem é veado, em maior ou menor grau, e toda mulher é lésbica, em maior ou menor grau".[15] Um dos seus lamentos: "As pessoas envolvem o sexo em tanta merda – mesquinharias, ciúmes, despeitos, inseguranças, disseme-disse, suspeitas, afirmações de ego, tanta, tanta merda..."[16] Um dos seus anátemas: "[Os] chamados héteros puros – espécie esquisitíssima, quanto mais eu penso, mais eu acho que não existem, são unicórnios".[17] Uma de suas teorias arbitrárias: "Câncer é a doença do reprimido, da libido encarcerada, da falsidade extrema em relação à própria natureza."[18] Uma de suas frases intolerantes: "Acho burro ou mentiroso quem se escandaliza com eu ter comido meu

---

[15] Ibidem, p. 133.

[16] Ibidem, p. 114.

[17] Ibidem, p. 159.

[18] Ibidem, p. 141

irmão e meu tio, para não falar em primos, cunhados e quejandos".[19]

A pornografia moralista quer punir a hipocrisia do passado, calcada num puritanismo de fachada, mas sobretudo a hipocrisia do presente, camuflada pela libertinagem de fachada. Uma de suas teses mais politicamente incorretas é que não se deve usar camisinha, é antinatural: "a camisinha é uma castração fundíssima, é uma privação cruel para as mulheres."[20] Como antinaturais, em outro sentido, são a heterossexualidade e a fidelidade conjugal. Na verdade, a pornografia moralista vê e procura apenas o seu orgasmo (o que é totalmente lógico e coerente).

A redução epistemológica de tudo ao sexo chega, enfim, à formulação perfeita: "a vida é foder, em última análise".[21] O depoimento pornográfico evolui para uma apologia e até para uma teologia sexual: "quem peca é aquele que não faz o que foi criado para fazer".[22] Sim, a narradora não pecou contra a luxúria. Encarnou a Luxúria. Cumpriu sua missão.

---

[19] Ibidem, p. 101.
[20] Ibidem, p. 156.
[21] Ibidem, p. 140.
[22] Ibidem, p. 163.

| CAPÍTULO IV

Os clássicos pessoais

Leitores não nascem prontos

Numa entrevista à *Folha Dirigida*, em 7 de setembro de 2006, o Professor José Castilho Marques Neto, à frente da coordenação-executiva do Plano Nacional de Livro e Leitura, deixou claro em que medida escola e família são responsáveis pela formação do leitor:

> Estes são os dois pilares da formação de um leitor. É mais do que comprovada a importância da família para despertar o prazer pela leitura. E não há idade para começar. Tenho amigos apaixonados por livros que leram para os filhos enquanto estavam no útero da esposa. É um exemplo radical que mostra que não existe idade para iniciar o estímulo. Há experiências incríveis de organizações não governamentais e escolas públicas que aproveitam senhoras de idade aposentadas para trabalhar como contadoras de histórias. Além de promoverem uma ótima interação geracional, fomentam o gosto pela leitura de forma muito interessante. O outro lado é a escola. O professor que gosta de ler, que entende a importância da leitura, ao transmitir isto para o aluno faz com que ele não só tenha prazer, mas que compreenda o que lê.

Sabemos que há muito a fazer ainda, se desejarmos um país de leitores. Poucas bibliotecas públicas e comunitárias num "continente" como o nosso. E muitas das existentes estão quase literalmente jogadas às traças. Nas livrarias, títulos com preços inacessíveis para a grande maioria dos mortais, e, paradoxo dos paradoxos, livros desprezados por muitos que têm e gastam seu dinheiro, contado ou farto, em jogos de azar, diversões vazias, bens de consumo que consomem o consumidor...

As editoras brasileiras disputam, nas estantes das livrarias e cada vez mais nos sites, os mesmos 5 milhões de brasileiros que valorizam e têm condições concretas para valorizar, a arte, a cultura, o conhecimento. Mas somos ao todo 180 milhões de habitantes! Dentre os quais 50 milhões são crianças com menos de 14 anos. Além dessas crianças, que os pais e professores podem ajudar a se tornar leitores, há ainda muita gente entre 20 e 50 anos que precisaria redescobrir a leitura, e a leitura de literatura, particularmente, como forma de acesso ao mundo culto, como forma indireta de aperfeiçoamento profissional, e, sobretudo, como caminho para formar-se intelectual e eticamente, como ocasião para cultivar a sensibilidade, a imaginação, para aprimorar-se afetivamente, em suma, como exercício de humanização. E este contingente estaria apto a formar seus filhos como leitores criativos.

Alguns educadores destacam a necessidade de que jovens leiam jornais, prelúdio, talvez, de uma leitura literária amadurecida. De fato, como pensava Alceu Amoroso Lima, o jornalismo não deixa de ser um gênero literário. No jornal ou na literatura, pisamos o terreno da palavra. Contudo, a palavra jornalística é informativa, signitiva, imediata. A palavra literária pode ir além, alcança níveis de ironia, sutileza e ambiguidade que tornam a apreensão da realidade mais complexa. De resto, o jornalista também deve ter uma vivência literária que torne o seu texto mais bem elaborado, mais atraente. E o escritor poderá encontrar, na linguagem jornalística, características que enriquecerão o seu estilo. Isso, na hipótese de haver textos jornalísticos escritos com qualidade estética, pois não é tão fácil encontrar novos Machados de Assis, Ottos Lara de Rezende e Nelsons Rodrigues, como se via nas redações do passado, sem esquecermos, porém, a presença de Luis Fernando Verissimo, João Ubaldo Ribeiro e outros, na imprensa de hoje.

Mostrar, provar que a leitura de literatura leva ao transbordamento. Temas vitais e abordagens imaginativas conduzem o leitor a se conectar com o real, conectando-se com a palavra criadora de mundos, com o *homo loquens* que somos. É "ligar" o livro. E onde o "ligamos"? Ligamos em nós mesmos. Pela leitura, nós nos plugamos na palavra que dá realidade à realidade. A palavra no livro nos faz livres. O objeto livro se adapta às nossas mãos. Sua energia vem da nossa energia. Sua legibilidade vem da nossa inteligência.

Transmitir, mais do que transmitir – mostrar a verdade da literatura como "lugar" de encontro, de aprendizado. Tornar o Brasil um país de leitores, não só combatendo o analfabetismo. Isso é muito, mas é pouco... Ninguém pensa, pesquisa, estuda ou escreve a partir do nada. Formar-se como leitor é adquirir cultura literária, definir preferências de gêneros literários, de autores, ousar conhecer escritores desconhecidos, explorar temáticas inatuais, fazer um catálogo de "clássicos pessoais".

Estas recomendações valem especialmente, pensando em termos pedagógicos, para o professorado brasileiro. Um professorado sem hábito de ler. Mais da metade dos nossos docentes desconhece a leitura diária, a leitura das entrelinhas, a leitura criativa. Ora, ninguém poderá formar leitores se não estiver empolgado com a aventura de ler. *Nemo dat quod non habet.* Ninguém dá aquilo que não tem. Assim como a falta de bons políticos leva ao desgoverno, também não se educa para a leitura sem professores apaixonados pelo livro. Devemos cuidar da informatização da escola, por exemplo, mas se descuidarmos da formação, da qualificação e da valorização do professor... estaremos jogando tempo e dinheiro pela janela.

Professores leitores também não nascem prontos. E a leitura, para eles, não como obrigatoriedade, pois o resultado óbvio seria esses professores apresentarem um conto, uma crônica aos seus alunos como dever a ser cumprido, apenas. A leitura dos professores como prática de vida, isso sim. Caso contrário, serão vítimas da "atrofia narrativa",[1] no dizer de um filósofo contemporâneo.

Alimentar-se de narrativa, e de poesia, é exercitar-se como ser do *lógos*, da palavra humana e humanizadora. Palavra libertadora. Pois a literatura liberta-nos de dois extremos: da abstração bizantina e do imediatismo irrefletido. A abstração nos separa dos problemas, leva-nos a falar com frieza e pedantismo sobre o calor da vida. Já o imediatismo nos funde e nos confunde com o cotidiano, perdemos o distanciamento necessário para avaliá-lo, problematizá-lo, somos engolfados e arrastados pelo *mare magnum* da complexidade, pelos

---

[1] INNERARITY, Daniel. *A filosofia como uma das belas artes.* p. 17.

mais diversos imbróglios, sem ter a menor consciência do que realmente está acontecendo. Se a abstração exagerada nos idiotiza, o imediatismo nos embrutece. Em ambos os casos perdemos de vista quem somos, de onde viemos, para onde vamos. Perda de sentido.

Há uma fragilidade na argumentação do parágrafo anterior. Alguém poderia advertir que a literatura também não traz receitas convincentes. O que pode um poema contra os graves problemas sociais, econômicos, políticos? Pode um poema descobrir a cura do câncer? Pode um romance deter as ações terroristas? Pode uma crônica, por mais bem escrita que esteja, corrigir os transtornos das megalópoles: poluição, violência, drogas, perda dos padrões normativos de conduta, clima estressante?

A literatura nada pode contra tudo isso. É incompetente. Vulnerável. Queimável. Descartável. Quantos pais não ficam apreensivos quando seus filhos dizem que vão se dedicar à literatura de corpo e alma? "Filho – disse um pai ao rapaz que decidira fazer Letras, imaginando que assim poderia ser escritor... –, não seria mais sensato você fazer um concurso e tornar-se funcionário público?" O filho respondeu que, enquanto construía sua carreira literária, poderia ser professor de escola pública! E o pai ficou ainda mais apreensivo!

É deste professor, no entanto, tenha feito Letras ou não, sonhe ou não em ser escritor, é dele que depende uma revolução educacional da leitura (na medida em que ele seja apoiado pelo poder público, remunerado de maneira justa e valorizado como profissional).[2] A leitura criativa, formadora, transformado-

---

[2] Para a presidente da Associação Nacional pela Formação de Profissionais da Educação, Helena Costa L. de Freitas, a juventude "não

ra, é fundamental nesta revolução. Mas é dele, insisto, é do professor que esperamos o exemplo (o antigo provérbio continua vigente: *verba movent, exempla trahunt*, as palavras movem, comovem, conduzem... mas são os exemplos que nos arrastam), é do professor, é da professora que esperamos o exemplo de leitores que quiseram ser leitores, que fizeram essa opção, e sabem qual o poder da palavra literária, da palavra que nos livra da pior escravidão: a de estarmos satisfeitos conosco mesmos.

Biblioterapia

A literatura leva-nos à prática da inquietude. Uma inquietude positiva, se posso me expressar assim, porque não descamba no desânimo, e porque estimula o pensamento e a sensibilidade.

Ler, em geral, não torna o mundo *más levadero*, como dizem os espanhóis, mais fácil de levar, de suportar... Não. A literatura não tem por função "facilitar" ou "pacificar", pelo menos quando se fala em literatura "para valer", e não nessa literatura de escape, escamoteadora, de consumo rápido, que pode até emocionar, mas até essa emoção é evasiva. Refiro-me, ao contrário, à literatura que nos mantenha informados no sentido radical. Lembro-me, a propósito, daquela frase cheia de sabedoria, pichação num tapume em subúrbio carioca: "Se você está tranquilo é porque está mal informado".

---

se mobiliza só por razões econômicas. Nessa etapa da vida, o jovem tem seus ideais. E a profissão de professor é uma das atividades mais criadoras". (*Folha de S.Paulo*, 12.9.2006) Por isso sempre há esperança para a educação, pois sempre haverá pessoas idealistas nessa área. Por outro lado, o MEC, baseando-se nos dados do censo escolar de 2002, divulgou nesta mesma edição da *Folha* que faltam cerca de 700 mil professores da quinta a oitava séries do ensino fundamental e no ensino médio do país. O mercado é amplo, mas muito pouco atraente.

Ezra Pound disse de outro modo: "literatura é novidade que PERMANECE novidade".[3] As letras maiúsculas são do autor. Intencionais. Literatura como novidade (*news*) permanente. Novidades, novas e notícias do mundo? Novas que não envelhecem?

O autor inglês Gilbert Chesterton, numa de suas blagues, dizia que todas as novas ideias estavam nos velhos livros.[4] Não se trata de um paradoxo qualquer. Tem fundamento. Quando lemos Homero, ou Petrônio, ou Boccaccio, ou Dante, ou Chaucer, ou Cervantes, ou Camões, ou Shakespeare, ou Sterne, e até os mais "novos"... Tolstói, Pessoa, Proust, Baudelaire, Balzac, Dickens, Machado de Assis... é impressionante como nos sentimos próximos deles, preocupados com as mesmas preocupações inatuais, e não raramente achando graça do que para eles também soava engraçado. Este encontro com nossos des(iguais) – apesar da maior ou menor distância no tempo e de enormes ou pequenas diferenças de mentalidade e costumes historicamente verificáveis – acaba por ser terapêutico.

Os franceses criaram o neologismo *déboussolé*. Alguém que está perdido, sem bússola, "desbussolado". Está desorientado, porque não sabe onde fica o oriente. Também perdeu a direção do norte, está desnorteado. E por isso ficará perturbado, preso à turba, à multidão sem rumo. Jogado de lá para cá, impressionado e

---

[3] POUND, Ezra. *ABC da literatura*. p. 33.

[4] CHESTERTON, Gilbert K. *The common man*. p. 25. Em se tratando de Chesterton, não é mera blague, evidentemente: "[...] what is new is not the idea, but only the isolation of the idea. The idea itself can be found, in all probability, scattered frequently enough through all the great books of a more classic or impartial temper, from Homer and Virgil to Fielding and Dickens. You can find all the new ideas in the old books".

pressionado pelas modas, pelas frases feitas, manipulado linguisticamente pela propaganda comercial, política, religiosa ou ideológica.

Toda boa terapia é educacional, ensina, promove, esclarece, orienta, norteia. E toda educação é terapêutica, se ultrapassarmos a conotação estritamente medicinal de terapia. Terapia como cuidado e solicitude pela pessoa humana. Sócrates era terapeuta, assim se definia. Propunha aos atenienses uma terapia do conhecimento e da conduta (aquele influenciando poderosamente a esta), mediante o diálogo irônico e o conhecimento próprio. Atuava como um mestre que cuida da saúde intelectual e ética de seus alunos. A literatura é terapêutica neste sentido, se com ela mantivermos um diálogo salutar.

E o diálogo será salutar se for uma leitura ativa e criativa, capaz de captar as novidades sempre novas. Leitura que vê, e nos leva a configurar uma personalidade aberta, atinada, integradora. Leitura que nos ajude a desenvolver e amadurecer nossa inteligência em três aspectos: longo alcance, compreensão e profundidade.

Longo alcance porque transcende o imediato. *Sidarta* de Hermann Hesse, e *O pequeno príncipe*, de Saint-Exupéry, fazem pensar nessa transcendência, e descobrir nossa miopia espiritual. O segundo aspecto: a compreensão (não a tolerância propriamente, embora a esta se chegue) como capacidade de abranger diversas realidades e acontecimentos, sem perder de vista os diferentes aspectos e nuances em jogo. *Vá aonde seu coração mandar*, da autora italiana Susanna Tamaro, leva o leitor a essa experiência compreensiva, ajuda-nos a repensar nossas atitudes unilaterais em tantos aspectos da convivência. E, por fim, a profundidade.

Os irmãos Karamazovi, de Dostoiévski, é exemplar – bela bofetada em nossa superficialidade.

Uma pessoa que começa a se exercitar nesses aspectos sente-se convidada pelas leituras que realiza a integrar em seu sistema pessoal de convicções diversas realidades complementares. Descobre contrastes onde antes só via contradições. Esta descoberta é amadurecedora. Reflete-se, mais cedo ou mais tarde, numa conduta em que a ética deixa de depender de uma lista de regrinhas a seguir. A visão integradora que nos faz, entre outras conquistas de sabedoria, olhar com nova compreensão para a natureza "cativante" da amizade e do amor, ao lermos em *O pequeno príncipe* a "aula" da raposa sobre os ritos de amizade e sobre os compromissos que essa amizade exige (amor cativante e de certo modo aprisionante, lembrando que Saint-Exupéry usa o verbo *"apprivoiser"*...), essa visão sapiencial (a erudição é secundária...), obtida na leitura atenta, tende a materializar-se em nossa conduta, ou pelo menos contribui para esclarecer-nos os temas vitais da existência humana.

Assim vamos nos tornando nexologistas, especialistas em pensamento relacional, maduros em nosso observar e pensar, discernir e avaliar. Descobrindo o "entre". Não se trata apenas de uma preposição a ser decorada. Vemos uma bela imagem, mas nos damos conta de que a beleza não está na imagem. Nem em mim, que a admiro. Encontra-se *entre* mim e a imagem. Entre. A beleza não está localizada: é fenômeno relacional. Sem mim, a imagem não é bela nem feia. Precisa de olhos humanos para ser valorada e valorizada. Mas ninguém é o dono da beleza. É no encontro entre mim e a imagem que encontro a beleza da imagem. E essa minha percepção desenvolve, por decorrência, a minha capacidade de apreciar a beleza, mesmo naquilo em que outros não a veem.

Pensando de forma relacional, cai por terra o dilema realidade *versus* ficção. O pequeno extraterrestre que surge no deserto e dialoga com o piloto, ocupadíssimo em consertar a pane, não existe em nenhum lugar físico, mas isto não significa que o pequeno príncipe inexista. Ele é realidade dotada de consistência própria. Realidade lógica, segundo o *lógos* que a formou. Sua existência prossegue, amplia-se, à medida que novos leitores entram em diálogo com ele. O pequeno príncipe e o tema (a reconquista do espírito de infância) são realidade cujo valor depende, para sua explicitação, do nosso ler-dentro, do nosso inteligir, da nossa capacidade de relacionar.

Este "treino" literário é totalmente inútil do ponto de vista do cotidiano? Esta biblioterapia não redundará mesmo em nenhum resultado expressivo do ponto de vista social, digamos? Será apenas uma "injeção de ânimo" em nível individual, um bem intangível? Para quem insiste em buscar e computar resultados... tenho um exemplo. Digamos que certa cidade, cuja economia depende da colheita de cana-de-açúcar, esteja atravessando grave dificuldade ambiental: a fumaça causada pelas queimadas sistemáticas, com tudo o que têm de nocivas. Numa visão acanhada, infensa à imaginação e à criatividade, a resposta a esse problema é curta e grossa: "ou aceitamos isso, ou teremos o corte com colhedeiras... e o decorrente desemprego dos cortadores de cana".

O pensamento relacional, no entanto, não se resigna a trabalhar com dilemas desse tipo. Poderia um problema reduzir-se a duas soluções excludentes entre si? No caso, o dilema é de um simplismo absoluto: ou suportar os problemas ambientais ou aceitar o desemprego em massa.

Pensar de maneira relacional consiste, aqui, no primeiro momento, em relativizar a aceitação das fatalidades, que pode esconder apenas um pouco de má vontade... As colhedeiras são bem-vindas, se a sua adoção realmente levar ao fim das queimadas e à otimização do trabalho rural. Mas nem por isso está definido, como verdade eterna, que, como decorrência da inevitável modernização, os homens trocados pela máquina deverão ser extirpados como coisa sem valor e lançados para fora do mundo do trabalho.

Cassiano Ricardo escreveu uns versos sob medida para essa discussão...

> Por que levantar o braço
> para colher o fruto?
> A máquina o fará por nós.
> Por que labutar no campo, na cidade?
> A máquina o fará por nós.
> Por que pensar, imaginar?
> A máquina o fará por nós.
> Por que fazer um poema?
> A máquina o fará por nós.
> Por que subir a escada de Jacó?
> A máquina o fará por nós.
> Ó máquina, orai por nós.[5]

"Ladainha" é o título do poema. Em tom monótono, como oração impensada, deve ser lido. Para provocar o pensamento, incomodar. O poema começa com outras perguntas. Poderá o coração de metal tornar

---

[5] RICARDO, Cassiano. *Jeremias sem-chorar*. p. 20.

o homem cordial? Poderá a dificuldade que sentimos para sorrir ser "solucionada" pela automação? Em suma, devemos nos demitir, deixando que a tecnologia gerencie a vida?

Se somos incompetentes para ser o que somos... para sermos os seres humanos que preferimos ser (embora, para nossa infelicidade, por vezes preferimos o que não preferimos...), então o poeta pede à máquina, abençoada, beatificada, canonizada, que rogue por nós, ocupe todos os espaços, incluindo o da mediação entre humanidade e divindade. Saberá a máquina, por nós santificada, santificar-nos, ajudar em nossa redenção?

Cassiano lista as habilidades humanas: colher, labutar, pensar, imaginar, escrever, transcender-se. A máquina, progressivamente, do gesto básico (colher um fruto) ao espiritual, substituirá o homem. Alega-se melhor rendimento e eficiência. Subir a escada de Jacó (vista pelo Patriarca em sonhos, unindo céu e terra, conforme relata o livro do *Gênesis*) simboliza a elevada tarefa, a busca do fruto excelente, mas por que realizá-la se a máquina também o fará por nós?

O poema, pura ironia, oração iconoclasta, sugere que nem mesmo colher o fruto será tarefa exclusiva da máquina onipotente, ainda que ela a cumpra com mais rapidez. Dedicar uma ladainha à máquina é desmascará-la, desmistificá-la. E é abrir, diante do leitor, outras possibilidades. Que o homem seja destituído, descartado como coisa, indignidade evidente, imoralidade, perversão. Um mundo que sofresse tal reengenharia, em nome da qualidade, da quantidade, da competitividade, perderia (perde) em humanidade.

Mas se a máquina pode suplantar o homem em tarefas mecânicas, por que não dar àqueles que foram por ela libertados do trabalho pesado, semiescravidão, a chance de tomarem conhecimento de novos mundos (a começar por uma alfabetização verdadeira), que lhes foram talvez proibidos no passado, a chance, a sorte que todos merecemos, de viverem em plenitude atividades especificamente humanas: pensar, imaginar, criar, transcender-se?

Nisto o poema poderia ajudar a resolver um problema prático, se fosse lido como inspiradora de ações humanizantes. Os coletores de cana-de-açúcar estão chamados a darem um passo à frente. O recuo profissional (ficarem desempregados) é impensável, se pensarmos de forma relacional. Os homens que criaram a máquina, com o intuito de facilitar, otimizar, melhorar, e os empresários e governantes que a adquiriram, seriam tão pouco criativos a ponto de desconhecerem modos de educar outros homens, trabalhadores em novas circunstâncias, para que as aproveitem e continuem trabalhando?

Se empresários, governantes, idealizadores de máquinas sofisticadas desconhecem o poder humanizante que possuem, como líderes, sua formação é deficiente, e líderes não são de coisa alguma – estão cegos para a dimensão social de suas decisões, para a preocupação ética, para o papel promotor da educação, para o valor da fraternidade humana. Não pensam em longo alcance. Não imaginam as consequências de seus atos. Seu conhecimento volta-se contra a própria humanidade. E, portanto, contra eles mesmos...

Escolher pessoalmente os clássicos pessoais

Outra definição para o ser humano: aquele ser que escolhe. Lembrando a advertência dos pensadores personalistas e existencialistas: nós somos aquilo que escolhemos e escolhemos aquilo que somos.

Estamos perante uma experiência bidirecional. O livro que escolhemos como clássico pessoal também nos escolheu. Se eu defino Kafka como um clássico meu, ele também me define em relação a ele ou em contraste com ele. Em contraste e por vezes em oposição, pois nada prescreve, entre mim e um autor de que gosto, atos de eterna adoração e cândida harmonia. Sou kafkiano mas minha admiração será sempre problemática.

Clássicos pessoais, obras e autores que incluímos em nossa bagagem existencial, referências constantes de nosso pensar, de nosso dizer. Italo Calvino, definindo o clássico por diferentes ângulos, conta:

> Conheço um excelente historiador da arte, homem de inúmeras leituras e que, dentre todos os livros, concentrou sua preferência mais profunda no *Documentos de Pickwick* e a propósito de tudo cita passagens provocantes do livro de Dickens e associa cada fato da vida com episódios pickwickianos. Pouco a pouco ele próprio, o universo, a verdadeira filosofia tomaram a forma do *Documento de Pickwick* numa identificação absoluta.[6]

Aqui a admiração é incondicional. A propósito, conheço outra história, igualmente verídica, ainda que meio fantástica...

Na faculdade de Letras, no Rio de Janeiro, conheci uma moça, Íris, dedicada aluna que, belo dia, descobriu o *Grande sertão: veredas*, de João Guimarães Rosa. Leu uma vez e adorou. E tanto adorou, que releu a obra-prima. E, na releitura, adorou ainda mais. Meses depois, já havia lido outras duas vezes.

---

[6] CALVINO, Italo. *Por que ler os clássicos*. p. 13.

Conversar com Íris era sempre, de algum modo, acabar ouvindo frases de Guimarães naquele livro. E ela falava do Riobaldo, Diadorim, Joca Ramiro, Zé Bebelo, do Hermógenes, e falava com conhecimento de causa, com intimidade, com paixão. Ao que: Íris estava encantada pelo livro. Íris mirava em nós com olhos novos. Brincávamos que Íris se casara com o autor, tornara-se Íris Rosa.

Eduardo Coutinho (filho do conhecido crítico literário Afrânio Coutinho) era nosso professor na faculdade. E criou um curso optativo voltado para a análise de *Grande sertão: veredas*. Tiro e queda. Íris se inscreveu. Leu o livro lido uma vez mais. Estava cativa e cativada, *apprivoisée*. Ao então, Íris não pensava noutra coisa e, se não estou em erro, foi reprovada em algumas matérias por excesso de apego ao livro único, que sempre levava na bolsa e sempre estava relendo. Como diz um provérbio medieval: *Timeo lectorem unius libri*. Tenho medo do leitor de um só livro. O *Grande sertão* era a bíblia da Íris, seu alcorão, seu futuro tema de mestrado, sua futura pesquisa de doutorado, o tema de sua vida.

E agora vem o fantástico. Em 1984, a Rede Globo iria gravar uma minissérie baseada neste livro de Guimarães Rosa. Tony Ramos foi o jagunço Riobaldo e Bruna Lombardi interpretou Reinaldo/Diadorim, homem (mulher) valente por quem Riobaldo se apaixona e sofre. Confidenciou a atriz, em entrevistas da época, que chegou a não menstruar durante o período das gravações, tal o seu envolvimento com o papel. No elenco, outros nomes famosos: Tarcísio Meira, Rubens de Falco, Taumaturgo Ferreira, José Dumont, Neuza Borges, Ney Latorraca, Yoná Magalhães. E o diretor Walter Avancini decidiu contratar um estagiário para a equipe de filmagens. A única condição: tinha de ser um estagiário, ou estagiária, que conhecesse muito bem o livro de Guimarães Rosa, que o soubesse de trás para frente, quase de cor. São os momentos. Ligou para a nossa faculdade de Letras, perguntando se não haveria um aluno ou uma aluna que dominasse bem a história...

Claro (até parece pacto com o coisa-ruim!), qual a única pessoa a ser lembrada entre centenas? Íris, na primeira! E a moça tornou-se assessora linguística dos atores globais. Desempenhou com tanta criatividade sua tarefa que depois foi contratada pela Globo como especialista em linguagem e prosódia. Bastou ler, sem medo, um único livro... sete vezes! Ler é perigoso...

Mais tarde, Íris, sempre influenciada pelo Mestre Rosa, escreveu um monólogo teatral: *Memória de Embornal*. Zé Cabriolé, "cabra matador que atira até com os pé", recebe a incumbência de assassinar uma mulher e, para reconhecê-la, dão-lhe a foto da futura vítima. No trajeto, porém, o jagunço se apaixona pela moça do "retrauto"... E deixo a história no meio da viagem, para quem quiser um dia conhecê-la.

O fato é que Íris fez sua escolha (e também pelo livro foi escolhida). E, escolhendo, destinou seu destino, encontrou o norte, o oriente.

Toda escolha supõe renúncias. Não podemos escolher tudo. Quem tudo escolhe nada colhe. Se estilo é limitação, como ensina Adélia Prado com sabedoria, igualmente limitada será a nossa capacidade de leitura, até mesmo de armazenamento de livros. Limitações de tempo, de espaço, de interesse, de disponibilidade econômica. E é dentro dessas limitações que afirmamos nosso estilo pessoal de leitores.

Nós somos os livros que escolhemos ler, e reler. Relembrando que "reler", mais do que um verbo, é um compromisso em forma de palíndromo, lido da esquerda para a direita ou vice-versa, reler é reler. O prefixo reiterativo reforça a referência. E um clássico, conforme Calvino salienta, é sempre uma leitura de descobertas e redescobertas. Revisitado, um clássico "nunca terminou de dizer aquilo que tinha para dizer".[7]

A escola, a faculdade, até mesmo a mídia devem apresentar-nos as possibilidades, e deixar que nossa mão escolha, colha o fruto, o livro, experimente-o, cuspa fora, ou repita o gesto. Impor a leitura? Cobrar a leitura? O livre educador deixará a criança ler, deixará a criança e o jovem escolherem. Deixar ativamente, mostrando-se um fanático da leitura, único fanatismo que admito.

Se os clássicos pessoais são responsabilidade de quem escolhe, e se cada escolha é boa na medida em que oferece um sentido humanizador, é antipedagógico definir uma lista obrigatória de leituras, menos ainda, como diz Daniel Pennac, agir de maneira cretina, perguntando em tom pretensioso: "Como? Você ainda não leu Guimarães Rosa? Ainda não leu Camões? Ainda não leu Kafka? "Há quem mate, por menos que isso",[8] brinca o autor.

Leitura no Brasil ainda será um problema por várias décadas. E sobre ele nunca se falará demasiado. Ainda poucos são os nossos leitores plenos em comparação com o número de nossos habitantes. Podem-se abrir bibliotecas (e muitas deveriam ainda ser

---

[7] *Ibidem*, p. 11.

[8] PENNAC, Daniel. *Como um romance*. p. 83.

abertas, ampliadas, modernizadas), podem-se realizar campanhas nacionais incentivando a leitura, podem-se escrever livros (como este) sobre o quão importante é ler, mas ninguém consegue (ainda bem!) obrigar outro alguém a ler. E um número enorme de brasileiros, como muitos de nós bem sabemos, lê pouco e lê mal. Segundo dados da Câmara Brasileira do Livro, entre a população adulta alfabetizada apenas cerca de 30% realmente gosta de ler e lê efetivamente.[9]

Analisemos brevemente mais um dado dessa pesquisa "Retrato da leitura no Brasil", realizada e divulgada pela CBL. Embora seja apenas um número, passível e até diria carente de interpretação adequada e de contextualização, constitui fonte de informação aproveitável. Diz a pesquisa que 17 milhões de brasileiros declaram não gostar de ler. Sabem ler, supõe-se, mas não gostam, não encontram prazer no contato com a cultura escrita, ficam indiferentes perante a possibilidade de lerem um romance, um poema etc. Não sabem saborear uma frase como, por exemplo, esta que tenho à mão – "Todo vivente forma uma atmosfera em torno de si".[10] Frase tão genial quanto simples, capaz de abrir perspectivas de pensamento, de compreensão do mundo.

Quem escolhe o que lê entra em contato com a atmosfera formada por aquele livro que tem entre as mãos. O livro é, de certa maneira, um ser vivente ou, mais precisamente, seguindo a terminologia de Alfonso López Quintás, o livro torna-se um âmbito, realidade

---

[9] A pesquisa "Retrato da leitura no Brasil" realizou-se entre dez./2000 e jan./2001. Os *slides* estão disponíveis em: <http://www.crb7.org.br/cursoseventos/retratodaleituranobr.ppt>. Acesso em: 14 maio 2005.

[10] GOETHE, Johann W. *Máximas e reflexões*. ponto 47.

não redutível a mero objeto.[11] Desta realidade ambital emana uma atmosfera, e nela penetrando respiramos novos ares, alimentamos nossos "pulmões cerebrais" (que não se restringem ao cérebro...) de ideias, soluções verbais, sentimentos, imagens. O não leitor, esses 17 milhões de pessoas... correm o risco de asfixiar-se intelectual e espiritualmente por falta de contato com o oxigênio da leitura. Por não exercerem a liberdade de escolher, e de escolher-se em suas escolhas e leituras.

---

[11] Todo âmbito é uma realidade aberta, relacional, colaboradora. Para entender o conceito de âmbito, leia-se deste autor o livro *Inteligência criativa: descoberta pessoal de valores*.

| CAPÍTULO V

POESIA E APRENDIZADO

A poesia e a breve vida

O poeta mexicano José Homero definia a poesia como o "nosso cordão umbilical com o mundo".[1] Uma definição poética, como não poderia deixar de ser. Estamos em gestação, e a poesia nos faz entrar em contato com a mãe-mundo, com a mãe-realidade. É mediante sua vitalidade que de vida nos alimentamos. Não de vida eterna, mas de eterna vitalidade...

A palavra cotidiana, ao mergulhar nas águas da poesia, recupera-se, renova-se. E os leitores de poesia renovam-se com a palavra. A poesia é formalista. Para deixar a palavra em forma, transforma, altera sentidos, reforça a sonoridade, brinca. Se os dicionários preservam os significados coletivos dos vocábulos, a poesia trabalha com o que há de único e insubstituível em cada palavra. A palavra sai do reino dos catálogos e, na magia poética, refaz sua música.

Não gostaria de restringir a poesia à noção de texto em versos livres ou "presos", distribuídos em estrofes, rimas... Borges, sempre de maneira anárquica, pergunta-se: "por que não falar do romance quando falamos

---

[1] Entrevista à revista eletrônica *Agulha*, Fortaleza/São Paulo, n. 10 (março de 2001). Disponível em: <http://www.secrel.com.br/jpoesia/ag10homero.htm>. Acesso em: 12 set. 2006.

de poesia?".[2] E José Saramago, sempre de maneira tão formal, afirmou, no discurso que fez em 1999 na Universidade Federal de Minas Gerais, em agradecimento ao título de doutor *honoris causa*, pedindo licença (poética?) ao público: "designo agora por poesia, se mo permitem, todo o trabalho literário". A prosa não é indiferente à poesia. Encontramos intensa vibração poética no *Grande sertão: veredas* ou num conto de Balzac como *Uma paixão no deserto*, obra-prima da literatura do século XIX. Este, a propósito, recebeu tradução primorosa do poeta Mário Quintana.

A paixão de que fala Balzac nesta pequena joia é o insólito amor entre um combatente do exército napoleônico e uma pantera. Perdido no deserto egípcio, o soldado encontra o animal numa gruta. Após o susto inicial, percebe ser a pantera fêmea graciosa que não pretende devorá-lo. Ao contrário. Surge entre os dois uma camaradagem que evolui, com direito a cenas de ciúme, para o "namoro", até onde isso é possível entre homem e fera. Conto erótico e místico. A paixão da pantera pelo soldado faz-nos ver a nossa irrevogável dimensão animal, o que há de carência em nossos corpos. Mas a história remete-nos igualmente à descoberta de algo divino, belo, milagroso... mesmo no deserto – definido de maneira enigmática pelo soldado como "Deus sem os homens". (Esta frase foi reaproveitada pelo próprio Quintana no último verso de um poema, sem citar expressamente que foi de Balzac que ele, como tradutor, a colheu.)

A poesia torna o *deserto fértil*, lembrando o título poético de um livro do bispo D. Hélder Câmara, em que poesia e prosa se casam, voz e silêncio, solidão

---

[2] BORGES, Jorge Luis. *Esse ofício do verso*. p. 98.

e encontro, sede e busca da fonte, humanidade e divindade.

É o que a poesia nos ensina: a linguagem em sua ductibilidade pode pular de um arranha-céus sem sofrer um arranhão, rastejar em meio à guerra, morrer e ressuscitar, estirar-se, comprimir-se sem se romper ou quebrar, é elástica, flexível, moldável, e essas propriedades físicas (ou metafísicas) fazem com que ela recrie o mundo, sem violentá-lo, abertura de sentido. Atribui-se a Clarice Lispector a frase: "Todos os dias quando acordo, vou correndo tirar a poeira da palavra 'amor'." Lustrar e ilustrar as palavras como tarefa doméstica fundamental para que continuemos a habitar este mundo com dignidade.

As palavras em ritmo, em sonoridade, em contundência são palavras educadoras. É no encontro entre aluno e poesia que se faz o conhecimento e a beleza. (E a beleza salvará o mundo, não é o que dizia Dostoiévski em *O idiota*?). A poesia é motivadora por si, não precisamos tirar da cartola motivos suplementares. Contudo, se não houver essa crença, se os professores não acreditarem no poder da palavra poética (poética é toda a palavra aperitiva, que abre o nosso apetite para conhecer tudo), se não houver essa crença, a poesia apodrecerá... e nós morreremos de fome.

Quem lê, lê para quê? Para descobrir o mundo, caminhar, voltar para a casa, como dizia T. S. Eliot (Homero quer voltar para Ítaca, Dante quer voltar para o mundo dos vivos, o Pequeno Príncipe quer voltar para seu asteroide B612, Frodo quer voltar para a comunidade dos Hobbits, Alice quer voltar para a casa, Dorothy em *O mágico de Oz* sabe que "não há lugar como o lar", e tantos outros heróis...

até o ET, de Steven Spielberg).[3] Mas... *caminante, no hay camino*, escreve o poeta Antonio Machado em famoso verso. O caminho da leitura ensina-nos a caminhar no mundo, abrindo, com nossos próprios pés, veredas, atalhos. E, nesse caminhar entre versos, ver o reverso do mundo. Poesia é aparecimento súbito, surpreendente, do mundo que ainda não conhecemos direito. De repente (não mais que de repente...), a frase redonda, ou esguia, ou áspera, ou macia, a rima, a imagem... nos dizem mais do que nos diziam há um minuto as palavras corriqueiras, no poema retomadas.

Há um minuto, há um momento em que descobrimos o óbvio. Que a vida é breve, como contam todas as histórias, em finais felizes ou menos felizes. Histórias contadas não apenas pelos romancistas, contistas, dramaturgos. Também os poetas são contadores de história. O ser humano é contador de histórias por excelência. Até dormindo, nossos sonhos são relatos e narrativas que contamos a nós mesmos. Deus, afirmam vários místicos, criou o homem para que este lhe conte histórias. Contamos histórias, cantamos, fazemos jogos verbais para os filhos, com os amigos, entre desconhecidos. O ser do *lógos* adia ao máximo a morte, distraindo-a com o que sabe fazer de melhor: palavrear, refletida ou irrefletidamente.

---

[3] O poeta português Guerra Junqueiro escreveu um poema, "Regresso ao lar", cujas duas primeiras estrofes são: "Ai, há quantos anos que eu parti chorando/Deste meu saudoso, carinhoso lar!.../Foi há vinte?... há trinta? Nem eu sei já quando!.../Minha velha ama, que me estás fitando,/Canta-me cantigas para eu me lembrar!...//Dei a volta ao mundo, dei a volta à Vida.../Só achei enganos, decepções, pesar.../Oh! a ingênua alma tão desiludida!.../Minha velha ama, com a voz dorida,/Canta-me cantigas de me adormentar!... (GUERRA JUNQUEIRO, Abílio. *Os simples*. p. 117.)

A poesia diz mentiras para dizer maiores verdades. Este é o perigo. Verdades são nexos realizados *successfully*. Convincentes pela sua própria força, sem necessidade de argumentações exaustivas. Contra a poesia não há argumentos. O nexo entre o real e as imagens faz com que conceitos abstratos tornem-se vivos e inesquecíveis.

Nós somos poetas, com maior ou menor intimidade com o *lógos*, em nossa curta vida. É uma grande tristeza não aprender essa verdade. Os professores todos, professores são porque são poetas. Quando um professor de física pede, no exame, que o aluno descreva como é possível determinar a altura de um arranha-céus usando um barômetro, está fazendo poesia. Embora tenhamos nos acostumado a dizer "arranha-céus" com o automatismo dos dizeres impensados, é belo imaginar (tirar a poeira da nossa imaginação) o céu sendo arranhado por um edifício. Arranhando, desafiando a gravidade, novo esforço humano de construir a torre de Babel, atingir a morada dos deuses.

Nisto há poesia – em descobrir, mesmo no já convencional uso da palavra "arranha-céus", neste jogo de esconde-esconde da linguagem, relações que um dia foram inesperadas e podem voltar a sê-lo. O poeta tem a impertinência de revigorar as palavras depositadas no dicionário. José Paulo Paes, poeticamente (e com um pouco de injustiça para com o "pai dos inteligentes"), diz que o dicionário é um "vasto cemitério".[4]

Mas "cemitério", sabemos pela etimologia, é o lugar onde dormem os mortos. Um grande dormitório. Os que ali estão, em profundo sono (sonhando com outras vidas), poderão ser acordados, portanto.

---

[4] PAES, José Paulo. *Os perigos da poesia e outros ensaios*. p. 20.

Educação poética

Educar não é adestrar ou instruir. É inspirar. Fazer da aula uma obra-prima, trazendo para a sala de aula as obras-primas que nossos (des)semelhantes criaram. "Creio que o professor ideal seria o que examinasse qualquer obra-prima que estivesse apresentando a seus alunos *quase* como se nunca a tivesse visto antes".[5] Com que primor devemos nos aprimorar como leitores e formadores de leitores! Assim como só as pessoas interessadas encontram interesse em tudo, somente as pessoas que buscam seu aprimoramento conseguem atuar como mestres inspiradores.

Nietzsche constantemente lembrava o papel dos artistas (e do filósofo como artista) daqueles que reconfiguram a vida, dão vitalidade à vida que se esvai. A vida só é possível transfigurada, reinventada pela imaginação, pela emoção, por novas concepções, pela palavra. O professor que se tornou cão de fila, ou, pelo contrário, foi sequestrado pela indisciplina crônica de uma sala de aula, em ambos os casos perdeu de vista sua tarefa.

Uma forte dose de arte, de literatura, de poesia, de teatro para reeducar os educadores, a fim de que estes possam atuar (como atores e autores).

Voltemos à citação de Pound. O professor vai à aula falar de poesia, ou falar poeticamente dos mais diversos temas, e o faz *quase* como se nunca tivesse lido poesia. O advérbio impreciso é precisão total. No "quase" está contida a graça, a possibilidade de inovação, a abertura para que de novo se faça uma passagem da potência ao ato, do caos ao cosmos, do

---

[5] POUND, Ezra. *ABC da literatura*. p. 81.

projeto ao real, como se fosse tudo pela primeira vez. Esse estado originário, revigorador, é o estado poético. E neste estado reside o ser: a novidade sempre nova. "A verdadeira novidade nasce sempre de uma volta às origens".[6]

O mundo monetarizado, cronometrado, pasteurizado, burocratizado, massificado, adulterado (tão adulto...) necessita de renovação. Nada de pessimismos obscurantistas, embora seja grande a tentação de prever para daqui a 24 horas o fim do mundo, resultado irreversível de todos os males que humilham a humanidade: guerras, tortura, exploração econômica, exploração sexual, o narcotráfico, a manipulação das consciências, fanatismos de todos os gêneros, esta situação que o filósofo francês Gabriel Marcel já de algum modo antevia, no início da década de 1950, logo depois de dois grandes conflitos bélicos, cujas causas não foram sanadas e continuam a provocar ódio, medo, instabilidade.

Uma educação massificada é uma contradição, pois as massas "são um estado degradado do humano".[7] O encontro pessoal na leitura é educadora porque também individualizadora, mantendo vivos, ao mesmo tempo, os nexos do indivíduo com a tradição, com o idioma comum, com os valores humanos, com a convivência social, com os projetos coletivos. Mas a dedicação é individual: ler um poema, relê-lo, lê-lo em voz alta, sussurrá-lo, deixar que a nossa voz assuma a voz do poeta, e a dele a nossa. *Caminante, no hay camino... Caminante, no hay camino...* Havia uma pedra no meio do caminho... havia uma pedra no

---

[6] MORIN, Edgar. *Amor, poesia, sabedoria.* p. 43.

[7] MARCEL, Gabriel. *Los hombres contra lo humano.* p. 13.

meio do caminho... No meio do caminho... No meio do caminho havia uma pedra... Repetição que só enjoa, só entedia quem perdeu a graça. A graça que a criança (ainda) não perdeu. O adulto se queixa: "De novo?" E a criança pede: "De novo! De novo!".

A educação poética renova, educando o educador; a linguagem inesperada é o âmbito desta renovação. Se a soubermos ouvir, como quem ouve o esquecido bater do coração do mundo, abrem-se os olhos da mente para algo óbvio ("óbvio" é aquilo que está ali, à nossa frente, na via... no caminho, disponível, mas não conseguimos ver a pedra, por exemplo). Recuperar o óbvio, mesmo que ele não esteja ululando, para lembrar Nelson Rodrigues, capaz de ouvir os gritos tristonhos, desesperados ou irados da vida.

Se tivermos perdido o óbvio sempre novo, é porque estaremos perdidos como observadores do mundo, como protagonistas, teremos nos tornado insensíveis. Nossa linguagem estará esclerosada. E nós também.

No filme *O carteiro e o poeta* (1994), há uma passagem em que Mario, que leva a Pablo Neruda exilado a correspondência frequente, declama para a sua amada, Beatriz (tinha de ser uma nova Beatriz, musa do poeta Dante, musa entre as mais amadas), um texto erótico escrito pelo poeta. Queria ler algo que impressionasse a namorada, e conseguiu. Mas a mãe da namorada ouve a tal declamação, escandaliza-se, e obriga o futuro genro a revelar de onde tirou aquelas palavras imorais. E vai dizer umas poucas e boas a Neruda. Este, por sua vez, se queixa com Mario por ter usado os seus versos sem o menor escrúpulo, como se ele, apenas um carteiro apaixonado, fosse o verdadeiro autor.

E o carteiro respondeu, com sinceridade brutal, que "os poemas não pertencem ao poeta. Os poemas são de quem precisa deles"; Pablo Neruda sorriu e concordou com o roubo poético. Todo leitor rouba, por um lapso de tempo, do livro que lê, a vida que esse mesmo livro recuperou ao sabor de uma nova leitura. É uma posse ilusória daquela vida, daquela força verbal. E dá a essa vida uma serventia, uma "utilização".

Posse ilusória em termos, pois é nesta hora que o leitor se transforma, recupera a sua vocação de *homo loquens*. E se deixando impregnar pelas palavras, entrará em sintonia profunda com o originário. Acertará com o essencial da criação, tornando-se, de novo, o poeta que sempre deveria ter sido.

No mesmo filme *Il postino*, Neruda (N) recita para o Carteiro (C), na praia, um poema sobre o mar. E segue-se o diálogo:

C: Estranho.

N: Como assim? Você é um crítico severo.

C: Não, não o poema. Não sei explicar, mas enquanto o senhor falava, eu me senti estranho.

N: E como você se sentiu?

C: Como se as palavras fossem de lá para cá... como o mar... e eu fosse um barco sacudido pelas palavras...

N: (Silêncio) Um barco sacudido por minhas palavras? (Silêncio) Você sabe o que acabou de fazer, Mario?

C: (Assustado) Não, o que é que eu fiz?

N: Inventou uma metáfora.

C: Não!

N: Sim!

C: Não!

N: Como que não? Inventou, sim!

C: De verdade?

N: Sim!

C: (Silêncio) Mas assim não valeu... Foi sem querer.

N: A intenção não tem importância. As imagens, as imagens surgem espontaneamente.

C: O senhor está querendo dizer então que... por exemplo, não sei explicar direito... mas então o mundo inteiro... o mundo inteiro, com o mar, o céu, a chuva, as nuvens...?

N: Agora pode dizer "etc. etc.".

C: Etc. etc... Então o mundo inteiro é a metáfora de outra coisa?

N: (Silêncio)

C: Estou falando besteira.

N: Não, não, não, de forma alguma, de forma alguma.

C: (Com uma cara estranha)

N: (Silêncio) Mario, façamos um acordo. Vou nadar um pouco... e pensarei em sua pergunta. Amanhã voltaremos a falar, e lhe darei uma resposta.[8]

Ler é navegar no texto, seja na hora da tempestade ou nos dias de bonança. E fazer do texto alheio texto próprio, e transformar-se num poeta sem pose e sem prêmios. E, lendo filosofia, transformar-se num filósofo sem terminologia complicada. E transformar-se num pensador, lendo pensamentos. E aprender a criar metáforas, fazer ilações, inventar personagens, relacionar opiniões, criticar, discutir, revisar, admitir, comparar,

---

[8] No livro que inspirou o filme, essa passagem é um pouco diferente. Nota-se o trabalho interpretativo do cineasta e dos atores. Cf. SKÁRMETA, Antonio. *O carteiro e o poeta*. p. 22-24.

distinguir, contestar, assentir... E nesse jogo de palavras, nesse vaivém que pode provocar enjoo nos estômagos mais fracos, dirigir-se a novas terras... terras de onde viemos e para a qual retornaremos. E neste retorno ficarão evidentes os efeitos amadurecedores da busca.

O carteiro fez uma profunda captação poética. Tornou-se leitor criativo, ao perceber na natureza, nas imagens disponíveis do mundo, uma *continual allegory* (John Keats, de novo...). O mundo como poema, como uma grande metáfora de "outra coisa".

Esta "outra coisa" é tudo o que o poeta nos faz ver. Nas entrelinhas das coisas, brilham as outras coisas. Ou melhor, essa "outra coisa" é o que teremos obrigação de dizer que vimos, se realmente a vislumbrarmos. Dizer ao próprio poeta que ele, poeta, nos fez ver "outras coisas" em todas as coisas.

A educação poética é a ocasião para que cada um redescubra o que já sabia e esqueceu, o que soube na infância, ou em outros momentos inesquecíveis: quando amou pela primeira vez de maneira incondicional, quando experimentou uma coincidência que só poderia ser chamada de milagre, quando tocou com o corpo a alegria de viver, quando sentiu a presença do intangível, quando sonhou acordado e o sonho o acordou para novas ideias...

A poeta norte-americana Emily Dickinson, numa carta escrita em agosto de 1870 ao seu amigo e mentor, Thomas Higginson, confidenciava sua maneira de identificar o poético:

> Quando, ao ler um livro, sinto todo meu corpo tão frio que nenhum fogo poderia aquecer, então eu sei que aquilo é poesia. Quando sinto como se o topo de minha cabeça tivesse sido arrancado, então eu sei que aquilo é poesia. Estas são as

únicas formas pelas quais eu identifico o poético. Haveria algum outro modo?[9]

Esta maneira física de sentir a poesia demonstra como a sensibilidade daquela mulher de quarenta anos fora influenciada pelo contato vivo com a palavra. Os inúmeros poemas que ela própria escreveu refletem sua vida interior, sua aguçada visão para o humano, a suscetibilidade exacerbada, o sofrimento sentido até as últimas consequências, ao ponto de ter decidido enclausurar-se em casa, de 1862 até o fim da vida, em 1886, somente vestida de branco, como eterna noiva de um amor impossível, produzindo versos copiosamente e praticando com paixão a jardinagem...

Plantar poemas, cuidar deles, colher suas flores. Esta foi a sua tarefa maior. Um exemplo:

> O amor é à vida anterior,
> À morte posterior,
> Da criação o nascente, e
> Do respirar, expoente.[10]

Este pequeno e modesto poema é de 1864. Anterior à vida, posterior à morte. O amor como realidade que transcende uma e outra, e que é expoente do respirar, da vida *hic et nunc*. Expoente, em sentido algébrico (vale a pena saber que Dickinson foi pessoa interessada pelas artes, pela ciência, e lia poesia em matérias várias), porque indica o maior grau da potência a que uma quantidade pode ser elevada. Amor exponencial, da maior importância e significação. E amor na gênese do mundo, amor criador. O amor on-

---

[9] DICKINSON, Emily. *Selected poems & letters of Emily Dickinson*. p. 19-20.

[10] DICKINSON, Emily. *Uma centena de poemas*. p. 121.

tológico, gerando vida nova, ideal romântico em sua vertente espiritualista.

Pessoa e mundo mais humanos

A poesia, não como luxo verbal, pedantismo ou exibicionismo. Poesia como aprendizado. Poesia como descoberta do óbvio, que está a um palmo do nosso nariz, ou na nossa própria pele! Poesia como antropologia da pele, como história da pele. Sem superficialidade alguma, pois já aprendemos com Paul Valéry que "o que há de mais profundo no homem é a pele".[11]

Na pele das palavras tocamos o que há de mais profundo, nossa condição de seres "terrosos", nós que nascemos da terra, gênero humano, húmus, e à terra voltaremos, revoltados ou serenos. Terrosos somos, e ao mesmo tempo nos sentimos extraterrestres, sempre descontentes, sempre em busca, sempre em diálogo com a Palavra que nos criou, porque no início era o *Lógos*. Os pés no chão, os pés de barro, e o corpo em busca verticalizante; observadores inquietos do céu, poetas que ouvem estrelas (ora, que história é essa de ouvir estrelas!) e, além de observadores e ouvintes do céu, ícaros inquietos, sempre em diálogo com o *lógos* das coisas, perguntando-lhes quem somos, de onde viemos, para onde vamos.

E quem procura acha. Quem pergunta obtém alguma resposta. Quem experimenta aprende. Quem não pergunta quer errar, quer ser errante, sem rumo. Quem pergunta, poderá errar, vai errar, mas no erro encontrará o norte. Como neste poema de Geir Campos, "Tarefa":

---

[11] VALÉRY, Paul. *L'idée fixe*. p. 94.

Morder o fruto amargo e não cuspir
mas avisar aos outros quanto é amargo,
cumprir o trato injusto e não falhar
mas avisar aos outros quanto é injusto,
sofrer o esquema falso e não ceder
mas avisar aos outros quanto é falso;
dizer também que são coisas mutáveis...
E quando em muitos a noção pulsar
– do amargo e injusto e falso por mudar –
então confiar à gente exausta o plano
de um mundo novo e muito mais humano.[12]

Há um plano mais humano para nós. Mas esse plano supõe viajarmos em duas direções. Para fora e para dentro de nós. Para a natureza e para a consciência. O fato é que não estamos em comunicação imediata com as coisas nem conosco próprios. Bergson falava (poeticamente, pois de outra forma também não conseguiria expressar o que queria) da existência de "um véu, véu espesso para o comum dos homens, véu leve, quase transparente, para o artista e o poeta",[13] um véu que se interpõe entre nós e a nossa própria consciência, entre nós e o mundo. Este véu nos afasta e nos protege.

A educação poética adelgaça esse véu. Faz do homem comum um poeta incomum. Contudo, o véu não pode ser rasgado ou eliminado, sob pena de nos fundirmos com a natureza e entrarmos em êxtase contínuo com tudo. A transparência absoluta resultaria na nossa desumanização, como animais ou como anjos. Animais integradíssimos à natureza, sem os traços que nos definem (somos os animais que riem, os animais

---

[12] CAMPOS, Geir. *Geir Campos: antologia poética*. p. 89.

[13] BERGSON, Henri. *O riso*. p. 113.

que ficam ruborizados, os animais que mentem etc.) ou seres angelicais, para os quais ideias, raciocínios, palavras, imagens seriam supérfluas.

Fernando Pessoa vê este véu como uma vidraça:

> MAS O QUE É O PRÓPRIO HOMEM senão um insecto cego e inane zumbindo contra uma janela fechada? Instintivamente pressente, para além da vidraça, uma grande luz e calor. Porém é cego e não pode vê-la; nem pode ver que algo se interpõe entre ele e a luz. Por isso esforça-se atabalhoadamente por se aproximar dela. Pode afastar-se da luz, mas não consegue chegar mais perto desta do que a vidraça o permite. Como irá a Ciência ajudá-lo? Pode descobrir a irregularidade e as protuberâncias próprias do vidro, constatar que aqui é mais espesso, ali mais fino, aqui mais grosseiro e acolá mais delicado: com tudo isto, amável filósofo, até que ponto se aproxima da luz? Até que ponto está mais perto de ver? E todavia acredito que o homem de génio, o poeta, consegue de algum modo atravessar a vidraça e sair para a luminosidade exterior; sente calor e satisfação por ter ido tão mais longe do que todos os homens, mas mesmo ele não continua cego? Estará mais próximo de conhecer a Verdade eterna?[14]

De algum modo também o homem comum, na medida em que se torne poeta, em que seus talentos seminais sejam desenvolvidos, atravessa a vidraça, e volta para contar o que viu, mesmo sem ter visto nada. A poesia é visão para nossa cegueira.

O contato com a poesia, com a literatura, com a "livrosfera". Esta educação estética, poética, pode

---

[14] PESSOA, Fernando. *Escritos autobiográficos, automáticos e de reflexão pessoal*. p. 18.

levar uma pessoa a níveis melhores de autoconhecimento, de expressividade verbal, e de percepção do que pensam e fazem as outras pessoas. Na livrosfera, é possível libertarmo-nos da rotina e da repetição. Até o repetitório é dissolvido e transformado por um repertório de chaves interpretativas, de caminhos argumentativos, de conceitos iluminadores. Não falará mal da rotina quem souber desconstruir a rotina com o olhar "treinado" pela leitura.

A imaginação cresce como árvore frondosa na livrosfera, gerando frutos saborosos, e às vezes proibidos... O pensamento também frutifica dentro da livrosfera, e multiplicam-se as "sementideias". A intuição, atividade que supõe uma inteligência atenta e livre, floresce na livrosfera. A sensibilidade ética se desenvolve e amadurece no interior da livrosfera. A memória ganha corpo e conteúdo.

Destas cinco camadas da livrosfera, quero falar brevemente da imaginosfera.

Pensemos em Kafka e na sua obra-prima – *A metamorfose*. Como os leitores imaginam o inseto em que Gregor Samsa se transformou? A descrição do autor fornece elementos visuais, mas nos deixa o trabalho maior de compor a imagem terrível e degradante. É bastante significativo que Kafka tenha insistido para que as edições desse livro nunca tivessem ilustrações. Não queria poupar ao leitor a tarefa de desenhar mentalmente a imagem do "inseto monstruoso":

> Quando certa manhã Gregor Samsa acordou de sonhos intranquilos, encontrou-se em sua cama metamorfoseado num inseto monstruoso. Estava deitado sobre suas costas duras como couraça e, ao levantar um pouco a cabeça, viu seu ventre abaulado, marrom, dividido por nervuras arquea-

das, no topo do qual a coberta, prestes a deslizar de vez, ainda mal se sustinha. Suas numerosas pernas, lastimavelmente finas em comparação com o volume do resto do corpo, tremulavam desamparadas diante dos seus olhos.[15]

Tomando literalmente a narrativa, Gregor transformou-se, da noite para o dia, num inseto ou, como já observaram alguns estudiosos da obra de Kafka, numa monstruosa sevandija (a tradução talvez mais aceitável para *ungeheueren Ungeziefer*, no original). O termo, derivado do nome basco para lagartixa (*sugandilla*), conforme Antônio Houaiss e Aurélio Buarque de Holanda em seus dicionários, possui uma elasticidade semântica que favorece, e torna mais complexa, a tarefa de imaginar o protagonista do texto kafkiano.

"Sevandija", termo aplicado na zoologia a todos os parasitos e vermes imundos, já foi utilizado conotativamente para designar uma pessoa desprezível que vive à custa dos outros e submete-se a todo o tipo de humilhações. Em traduções do alemão para o inglês, Gregor metamorfoseado é descrito como um monstruoso *"vermin"*, o que pode ser entendido como sevandija ou parasito. O verbo "sevandijar-se" significa rebaixar-se vergonhosamente, aviltar-se, envilecer-se. É disso que se trata – e temos de entrar na imaginosfera do livro, configurar em nossa mente uma imagem aviltante o suficiente para expressar a degradação espiritual a que chegou Gregor.

Um coleóptero imundo também parece corresponder à descrição de Kafka. Um besouro talvez? Ou poderíamos arriscar a imagem de um piolho? A tendência dominante, porém, tem sido associar o inseto

---
[15] KAFKA, Franz. *A metamorfose*. p. 7.

monstruoso à barata, que provoca nojo imediato ao homem urbano.[16]

Mergulhamos nas imagens, e nelas nossa função cognitiva ganha novos horizontes. A imaginação tem o poder; é condição necessária para o conhecimento caminhar no meio da selva de palavras e conceitos. E nesse caminho estabelecer novos encontros com o real. A propósito, Bachelard demonstra em sua filosofia da imaginação que a razão imaginadora, abolindo o falso dilema entre conhecimento experimental e saber especulativo, torna a ação de imaginar um avanço: "imaginar é [...] elevar de um tom o real".[17] Para as mentalidades menos imaginativas, essa relação entre razão e imaginação parece inimaginável. No entanto, basta tentar imaginar um mundo sem imaginação... para sentir o quanto a imaginação é parte integrante da nossa atividade intelectual!

A imaginação, suave e fortemente, orienta a nossa reflexão e é pela reflexão solicitada. A imaginação participa da criação de novos sentidos para antigos significados e em certa medida constitui uma das melhores provocações para a razão. A imaginação atua em nossa compreensão do mundo.

Uma imagem sintetiza quase que espontaneamente um fluxo de ideias, e nos dá condições de tomar fôlego e prosseguir nesse fluxo. A abstração requer imagens, e graças a essas imagens podemos continuar a abstrair. As imagens constroem pontes entre realidade

---

[16] Mário da Silva Brito, no aforismo 89 do seu livro *Conversa vai, conversa vem*, confirma a imagem em clave humorística: "– Cuidado! Não pise nessa barata: pode ser o Gregor Samsa!"

[17] BACHELARD, Gaston. *O ar e os sonhos*. p. 82. No original: *"imaginer c'est donc hausser le réel d'un ton."*

e arrazoado, entre ideias e ideias, entre percepções e palavras, entre palavras e realidades.

A própria imagem das "pontes" que acabo de empregar torna mais visível e compreensível o que estou querendo dizer. Imaginação que nada tem a ver com alucinações, mas desvela os contornos, as cores, os alcances do saber que sabe a realidade – dá-lhe, ao saber, presença quase tangível.

Cioran escreve:

> Como se pode ser filósofo? Como se pode ter a ousadia de abordar o tempo, a beleza, Deus e todo o resto? O espírito fica inchado e saltita sem vergonha. Metafísica, poesia – impertinências de piolho...[18]

O leitor não pode deixar de imaginar o espírito "inchado", mesmo que tal imagem seja impossível, pois espíritos não incham como os corpos. Como poderá o espírito inchar-se, e inchado saltitar, e saltitar sem vergonha? Saltitar como um piolho? Ficamos com uma pulga atrás da orelha...

O espírito se faz imagem e a imagem torna o espírito inchado mais compreensível para o nosso próprio espírito. Sua falta de vergonha nos envergonha. Como ousa o piolho querer alcançar os cabelos luminosos da lua?

E o pensador ri de si mesmo, e dos outros pensadores, e dos próprios poetas, geradores de imagens! Ri do leitor, e o leitor deverá aprender a rir de si mesmo. O leitor olha para o piolho em que o poeta se transformou, em que o metafísico se metamorfoseou. O silogismo é amargo, a imagem é agressiva, o texto

---

[18] CIORAN, E. M. *Silogismos da amargura*. p. 25.

é contraditório em sua ironia, e contundente em sua impertinência.

E daí o prazer da leitura ativa, imaginativa. As imagens mentais são mentiras que revelam verdades.[19] Lendo, exercitamos nossa imaginação. A imaginação é espontânea, mas também pode estar sujeita à nossa vontade. Quero imaginar, e imagino. Imaginando, expresso-me, impressiono-me. As imagens iluminam o pensamento. Ou, como Sartre definiu, "a imagem [...] é também pensamento".[20]

---

[19] Origem etimológica de mentir: *mens*, palavra latina que significa "inteligência, espírito, alma, razão, sabedoria, juízo, discernimento, imaginação". Mentir, portanto, era, sem maniqueísmos, no começo dos começos, o ato de usar a mente, de realizar uma operação intelectual, de exercitar a razão, de pôr a imaginação para funcionar. Justamente (ou injustamente) por causa da imaginação, mentir tornou-se sinônimo de inventar algo com o intuito de esconder verdades, distorcer fatos, enganar os outros. Curioso processo em que um conceito do bem se tornou um verbo do mal... Contudo, a mente, em particular a mente do artista, continua a mentir na clave da verdade e da beleza. Os maiores mentirosos do mundo, como Shakespeare, como Van Gogh, como Kafka, como Beethoven, criaram mundos irreais que são mais fiéis à realidade do que a nossa própria noção de realidade. Os seus personagens, as suas imagens, os seus sons, fruto de riquíssima vida mental, revelam verdades que desmascaram as verdadeiras mentiras! Como discernir, em nossa mente, o que é mentira mentirosa daquilo que é mentação transformadora? Como distinguir o alimento podre do que será sustento para a humanidade?

[20] SARTRE, Jean-Paul. *A imaginação*. p. 85.

CAPÍTULO VI

UMA BIBLIOTECA INICIAL

Os livros são mestres

O escritor norte-americano John Updike disse num artigo que tinha desistido várias vezes de mudar-se de casa quando olhava a enorme quantidade de livros que precisaria transportar. De fato, é mais fácil carregar geladeiras e sofás do que milhares de livros. E além disso, depois, organizá-los é muito mais difícil do que reinstalar uma geladeira ou colocar o sofá num canto da sala.

Amar os livros, na prática, é construir uma biblioteca. Biblioteca cultivada, inicialmente pequena, nutrida com paciência, jamais abandonada – sinal de bibliofilia, bibliolatria quase. Elias Canetti, Prêmio Nobel de Literatura de 1981, gostava de brincar com os amigos, levando-os à sua biblioteca particular. Os amigos, nessa brincadeira, pediam-lhe que localizasse, com os olhos vendados, algum título entre não sei quantos milhares de volumes. E Canetti o achava, tinha um "mapa" da biblioteca em sua mente, em seu coração.

Biblioteca é cultivo sistemático, busca, tentativa de ordenar o universo em estantes, convivência silenciosa com autores metamorfoseados em papel. Borges imaginava o Paraíso como uma grande biblioteca. Alberto Manguel, outro apaixonado pelo objeto-quase-gente livro, sabe como sofrem as pessoas que, ao longo da vida, vão preenchendo o espaço físico de que dispõem com títulos e mais títulos:

> Para enfrentar o volume crescente de livros (e nem sempre pensando em sua qualidade), os leitores recorrem a todo tipo de expedientes dolorosos: amputar seus tesouros, formar fileiras duplas, excluir assuntos inteiros, presentear as brochuras, mudar de endereço e deixar a casa para os livros.[1]

Havia um sacerdote espanhol no Rio de Janeiro, D. Emílio Silva Castro, catedrático da PUC, que precisava de pelo menos dois apartamentos. Um para a sua biblioteca e outro para si... onde os livros, invasores implacáveis, também foram ocupando cada vez mais espaço. O crítico literário Afrânio Coutinho, morador num outro bairro da Zona Sul do Rio, descobriu um dia que a sua casa tinha sido tomada pelos livros, e decidiu transformá-la num centro cultural.

Antes que algo do gênero acontecesse, Silveira Bueno – Professor Francisco da Silveira Bueno, que animou a jovem aluna Lygia Fagundes Telles a ser escritora, ele mesmo poeta, jornalista, gramático, dicionarista –, antes de falecer vendeu a imensa biblioteca que possuía para um sebo paulista. Seus livros, no entanto, estavam "impregnados" do meticuloso leitor Silveira Bueno. Em muitos desses livros, liam-se anotações suas escritas a lápis, observações nas margens das páginas, rápidos comentários, nem sempre lisonjeiros. "Esse escritor não presta" é uma frase que se encontra debaixo do nome de vários autores.

Embora alguns possam torcer o nariz, uso palavras do cantor Cazuza: uma biblioteca é "um museu de

---

[1] MANGUEL, Alberto. *A biblioteca à noite*. p. 67.

grandes novidades". Ter uma biblioteca particular, com poucos ou muitos livros, não importa, é fundamental para desenvolver o gosto da leitura, exercitar a escolha literária, estar em contato com as novidades que não perecem. Romances, contos, poemas serão sempre uma forma de reencontrar o ser das coisas, o "quem das coisas", como diz um personagem de Guimarães Rosa, as realidades mais belas, os fatos mais decisivos, as ideias mais revolucionárias.

Encontrar-se com seus livros, dialogar com os mestres que estão ali, encapados, transformados em letras impressas. A definição de autodidata como aquele que se instrui por esforço próprio, sem a ajuda de mestres, é incompleta. Os professores estão presentes, conversam conosco, chamam-se José de Alencar, Olavo Bilac, Ibsen, Gil Vicente, Eça de Queiroz...

Dialogar é entrar no movimento do *lógos*. Dialógo que é monólogo a dois, ou a três, ou a quatro. Solidão e encontro. Ler com esse espírito de estudiosidade, a urgência da reflexão sem urgência. Um interrogar-se sobre a vida e a morte, o ser e o nada, o tempo e o amor, os temas vitais, superando o banal, o superficial, a resposta pronta.

Conta-se que certa vez um dos discípulos de Confúcio perguntou-lhe como resumiria em uma única palavra o seu código moral. O sábio chinês respondeu com outra pergunta: "Não seria a palavra 'reciprocidade'?".

Há intensa reciprocidade na leitura. Os livros nos respondem com outras perguntas. Não raramente nos respondem, indicando outros livros, outras histórias, outros autores. É uma cadeia de sugestões, que nos liberta. Monteiro Lobato me leva a Hans Christian Andersen, Mark Twain me apresenta a Júlio Verne. Não há uma lógica que seja totalmente lógica nessas indicações. Entramos numa livraria, num sebo, visitamos um site, os autores saltam à nossa frente, querem chamar nossa atenção, querem fazer parte da nossa biblioteca. Todos querem nos ensinar silenciosamente, estimular a nossa imaginação, amadurecer a nossa sensibilidade.

Se por algum motivo, ao longo da nossa trajetória de ouvintes de histórias (desde a primeira infância), e de leitores adolescentes, não tivemos a sorte de percorrer uma suave ladeira ascendente, em que autores vão sendo indicados por outros, e subitamente fomos obrigados a ler grandes criadores, que no entanto nada nos disseram (penso em jovens vestibulandos, sem um assegurado hábito de leitura, em luta *contra* um Machado de Assis, uma Clarice Lispector ou um Saramago...), provocando em nós verdadeira alergia aos livros, a possível solução é tentarmos descobrir, sem medo de decepcionar-nos, leituras que de verdade nos façam sentir prazer, envolvente prazer, mental, intelectual, espiritual. Sequer descarto a boa literatura infantil para que essa descoberta se faça!

Descoberta personalíssima da leitura como aprendizado. E nunca será tarde para começarmos a montar nossa biblioteca, com nossos clássicos pessoais, nossos "professores particulares", particulares e universais.

A biblioteca está ali. Entrar nela deflagra um complexo exercício interior de difícil descrição. Entre meus livros, folheando um Mia Couto, bebendo em Cecília Meireles... ponho em ação os sentimentos, a vontade, a memória, a imaginação, a inteligência. Nasce dentro de mim uma agitação bem organizada, como a dos formigueiros e das colmeias.

Conta-se, em tom de brincadeira, que D. Pedro II lia muito bem porque o fazia com os cinco sentidos.

Com a vista, naturalmente; com o tato, segurando o livro firme e carinhosamente; com a audição, ouvindo o barulho das páginas folheadas; com o olfato, sentindo o cheiro da tinta impressa; e com o paladar, quando molhava o dedo indicador na língua para virar as páginas com mais facilidade...

Leitura com os cinco sentidos. Leitura que se concretize na atividade dialogante. Sendo práticos: o melhor, quase diria o único processo inteligente e apaixonado de leitura – já comprovado na vida de tantos intelectuais e "ratos de biblioteca" – consiste em ler com um lápis ou uma caneta na mão. Em duas palavras: ler, escrevendo enquanto lê.

Se vamos assistir a uma palestra, convém estarmos prontos para anotar frases interessantes, ideias que nos ocorram à medida que tentamos entender as que nos são apresentadas, indicações bibliográficas, indicações de peças de teatro, de filmes. O mesmo no ato de ler. Tudo o que numa leitura nos agrade (ou nos incomode) merece ser transcrito ou resumido numa folha à parte. Há pessoas que preferem sublinhar trechos no próprio livro e/ou escrever nas suas margens. Os dois métodos são bons, contanto que, no segundo caso, o livro pertença à nossa biblioteca, e que, no primeiro, as anotações sejam guardadas ordenadamente, de modo que se possam realizar desejáveis releituras. Ler escrevendo. O filósofo inglês Francis Bacon, leitor cuidadoso, deixou alguns manuscritos com esse título: "Ideias repentinas que escrevi, a fim de utilizá-las oportunamente". Certamente foram repentinas ideias ao longo de sistemáticas leituras.

Ninguém que se dedique de tal forma a ler, e reler, poderá reclamar do *tedium vitae*, que está na raiz de tantas depressões, irritações e insatisfações. Combater a apatia existencial mediante o esforço diário de ler bem, e de pensar o que foi lido. Rubem Braga, George Orwell, Paul Auster quebram nossos possíveis desânimos, cuja fonte é o vazio de significados, o deserto de imagens, a ausência de conflitos, de perguntas.

A leitura consciente, empenhada, reflexiva, desperta a vida do livro, aciona toda aquela fecundidade que o autor nos legou ao concluir o seu trabalho e que permanece ali, nas páginas impressas, como Bela Adormecida a aguardar o beijo revitalizador. Como definiu Pareyson, a leitura autêntica tira "a obra da sua aparente imobilidade para devolver-lhe a sua pulsação"[2]. Ao mesmo tempo que revitalizamos o livro, este nos revitaliza também. Os autores da nossa biblioteca tornam-se os nossos professores, na medida em que queremos aprender com eles...

O nada que é tudo

O que nos ensina a literatura, afinal de contas? Será a literatura uma espécie de xadrez? Alguém já disse, maldosamente, que a prática do jogo de xadrez é ótima para que a pessoa jogue xadrez cada vez mais e cada vez melhor! Será assim com a literatura? A principal vantagem para o leitor seria tornar-se apenas um amante da literatura... além de aprender a falar e escrever com um pouco mais de facilidade?

"Sou um dos 999.999 poetas do país", de Affonso Romano de Sant'Anna, deu-me uma outra resposta.

Neste poema, escrito na década de 1970, o poeta mineiro procura se localizar como ser do *lógos*, criador de mundos. Primeiramente leitor-aluno de Manuel Bandeira, Carlos Drummond, Murilo Mendes, Jorge de

---

[2] PAREYSON, Luigi. *Os problemas da estética*. p. 155.

Lima, Vinícius de Moraes, Pablo Neruda, Petrarca, T. S. Eliot, Ronsard, Villon, vai aprendendo a duras penas como articular vida e texto, letra e sangue, espaço da folha em branco com o tempo da palavra. E se torna professor universitário na área de Letras, vendo e vivendo da obra alheia, para enfim aprender a sobreviver com sua própria obra, aprender...

> que na poesia o nada se perde
> o nada se cria
> e o nada se transforma.[3]

A transformação do nada em alguma coisa, que pode não ser nada demais...

Esse nada nada tem a ver com o niilismo, com o pessimismo, com a de(x)istência. Este nada que cada um de nós é (apenas mais um entre milhões, bilhões...) transforma-se em totalidade. O leitor que lê com empenho localizará trechos nucleares de uma obra, aos quais retornará em outras duas, três, quatro ocasiões, a vida inteira, a fim de compreendê-los a fundo, penetrando-lhes a essência. E com isso entrará em união com toda uma humanidade, mesmo que representada, como dizia Octavio Paz, por uma imensa minoria...

No início do terceiro ato da peça *Henrique V*, de Shakespeare, o coro dirige-se aos espectadores, motivando-os a trabalhar, a imaginar, a "delirar", a agir no plano da fantasia:

> [...] Imaginem estar vendo
> O rei bem apetrechado no porto de Hampton [...].
> [...] Oh, pensem agora
> Que pararam na praia [...].
> Amarrem suas mentes à popa dos navios [...].

---

[3] SANT'ANNA, Affonso Romano de. *Poesia reunida: 1965-1999*. p. 147.

Suponham que o embaixador voltou da França [...],
E completem nossa cena com as suas mentes.[4]

É o que todo o artista espera de nós – participação, companheirismo, trabalho: *work, work your thoughts*. Esta agitação interior contrasta harmonicamente com a paz externa, com o estar sentado e ter um livro às mãos, enquanto os outros livros, nas estantes da biblioteca, pacientemente aguardam a nossa atenção. Contraste necessário, único modo de dar provocar a erupção do vulcão interior, tantas vezes sepultado nas correrias do dia a dia.

Tudo começa com um nada, ou um quase nada. Tudo começa no prazer simples de segurar um livro, de querer tê-lo à mão, de poder acordar no meio da noite, retirá-lo da estante, compartilhar com ele algumas horas de insônia. O modo como apertamos firmemente a mão de alguém já não demonstra a simpatia inicial, a disposição de estabelecer boas relações? O mesmo acontece com o primeiro "cumprimento" que fazemos a um livro. A leitura do título, o nome do autor, uma olhada no índice, um parágrafo escolhido ao acaso... enfim, toda essa aproximação é o começo de um provavelmente longo e proveitoso relacionamento.

E daí virá aquela dinâmica, em que autor lido puxa autor a ser conhecido. Os próprios livros querem agrupar-se numa nova biblioteca, como animais que espontaneamente desejam ser pastoreados por alguém que os aprecie e cuide deles. Dante apresenta-nos Virgílio, Borges fala de Chesterton, Chesterton sugere Chaucer, Murilo Mendes cita Pascal, Pascal alude a Sócrates, que só se pode conhecer através de Platão...

---

[4] SHAKESPEARE, William, *King Henry V.* Ato 3, Prólogo.

e nessas múltiplas indicações vamos formando o nosso círculo de professores, de amigos – poetas, romancistas, contistas, dramaturgos... mas outros professores, os filósofos, os historiadores, os psicólogos etc., que a literatura não é ciumenta, abre caminho para outros campos do saber, com todos eles dialoga.

Neste sentido, vale ainda uma observação. Talvez, em nossas buscas por livrarias e sebos, deparemos com um livro difícil que, se não for por inaptidão do autor (ou por incompetência do tradutor), será de difícil leitura exatamente por ser superior a nós. E não há nisso nada de humilhante. Se começo a ler e não consigo terminar um livro, o máximo que pode acontecer é eu reconhecer honestamente que ainda não tenho cacife para entendê-lo de todo. E tal descoberta já representa, em si mesma, um valioso passo de sabedoria. Não foi uma tentativa inútil. Não entender pode ser uma excelente lição!

Outro dogma a ser relativizado, dogma por ninguém definido, mas por muitos observado de que temos de ler um livro de cada vez, de cabo a rabo, da primeira à última página, nunca, jamais pulando trechos ou capítulos, e muito menos desistindo da leitura. Conheci inúmeros adeptos dessa lei que, entusiasmados marinheiros de primeira viagem, embarcaram num Os *Buddenbrook*, de Thomas Mann, ou num *A cidadela*, de Saint-Exupéry, e cinquenta páginas depois, ou até menos, já estavam encalhados para sempre, envergonhados, sem ânimo de ir em frente e sem coragem de abandonar o navio.

Ler um livro não é casar-se. (Como casar-se não é como ler um livro...) Ninguém precisa levar uma leitura até o fim, embora seja de um grande clássico, ou até por isso mesmo, uma vez que os clássicos não são mero jornal, e mais vale ler e entender duas linhas de *Dom Quixote* a ler (e às vezes nem entender) todas as notícias de um ano sobre política ou economia. Também se pode pular as páginas de um livro, quantas se quiser, e ler o final do romance assim que se começar, enfim: eu leio um livro para ver se me livro.

Do mesmo modo, ninguém precisa sentir-se compromissado com um único livro, evitando outro até concluir a leitura daquele. Pode-se ler simultaneamente dois, três livros, com objetivos diferentes, em diferentes momentos do dia: uma biografia durante a viagem do ônibus, do metrô, pela manhã, prosseguir um pouco mais num livro de filosofia naqueles 15 minutos após o almoço, e ir saboreando um romance à noite.

Longe de mim criar um novo dogma: se alguém deseja ler um só livro de cada vez, passo a passo, fielmente, ainda que o livro se mostre estafante ou inconveniente, poderá fazê-lo em paz. Mas tenhamos muito claro que o livro está *a nosso serviço*, a serviço da nossa autoeducação. Ler é uma arte, e, como toda a arte, requer sábia flexibilidade, capacidade de utilizar os meios de acordo com a finalidade primordial a ser alcançada.

Tudo isso não exclui o esforço, até mesmo heroico, de concluir uma leitura exigente, para não dizer desagradável, mas que seja basilar para a nossa formação. Ao contrário de um obstáculo paralisante, certos livros são desafio necessário para a continuidade do nosso desenvolvimento como leitores e como gente que pensa, desafio do qual fugir seria realmente retroceder. Lembro-me de que, ainda adolescente, terminei de ler *Os irmãos Karamazovi*, mais por consciência do dever do que por prazer. Talvez, num primeiro momento, não ficou "nada"... mas algo sempre fica, e sempre nos faz voltar à "cena do crime".

E há obras que são necessárias, se alguém quiser entrar em contato com certos temas. É impossível arvorar-se alguém a estudar a passagem da Idade Média para o Renascimento sem ler Boccaccio, Rabelais, Thomas Morus e outros autores.

A sede infinita

Os poetas associam o amor à sede infinita. Bebe-se um pouco de água, mas em breve a sede voltará, ainda mais forte. Amar a literatura, como fonte de aprendizado, de sabedoria, de conhecimento, é uma sede que não tem fim. É também uma história sem fim.

Ler, ver, observar, admirar, contemplar, examinar, considerar, discernir, analisar, reconhecer, interpretar, compreender, assimilar, nomear, devanear, levantar âncoras, içar velas, desfazer as amarras, navegar.

A leitura não é uma atividade mecânica, de mero reconhecimento de sinais. Educar-se na leitura é aprender a interpretar símbolos, analisar personalidades, captar sentidos, criar mundos tendo como ponto de partida os mundos criados pela palavra literária.

Se "o objetivo principal da educação é criar homens capazes de fazer coisas novas, e não de simplesmente repetir o que outras gerações fizeram – homens que sejam criativos, descobridores",[5] a literatura pode... e deve estar no centro da prática docente. Da prática docente, e da formação docente. E uma leitura de literatura que não se limite a ser exploratória, informativa,

---

[5] LABINOWICZ, E. *Introducción a Piaget: pensamiento, aprendizaje, enseñanza.* p. 265.

de obrigatório "estudo", se pensarmos em certas aulas de literatura, em que a biografia do autor e dados do momento histórico em que a obra foi produzida parecem mais importantes do que a leitura inteligente e amorosa do próprio texto!

Gabriel García Márquez conta que, em seu processo de leitura, além de folhear, interpretar e interpelar um livro, gosta mesmo é de cheirá-lo, como quem quer absorver a essência, o perfume que emana do núcleo vital das histórias ali contadas, dos poemas ali pulsantes.

A leitura é um ato de fé. No momento da leitura, acreditamos que um jagunço sofre por pensar que se apaixonou por outro homem, acreditamos que a mulher comeu a massa branca da barata, acreditamos que o padre fugiu com a moça, acreditamos que um caixeiro-viajante acordou transformado em inseto monstruoso, que um jovem adepto da ultraviolência invadiu, com sua gangue, a casa do escritor, estuprando sua esposa, acreditamos que o leão venceu a bruxa, acreditamos na existência desses universos paralelos. Estes universos vieram fazer parte do nosso mundo, vieram enriquecê-lo.

A palavra literária, a palavra poética, a palavra criadora é busca de luz, ampliação da consciência, multiplicação das possibilidades, colheita de inspirações, recriação dos sentimentos.

A vida torna-se exercício de leitura, na mesma medida em que a leitura torna-se exercício de vida. *Artifex vitae*, artífice da vida, nisto se transforma o leitor. Escolhendo a leitura, escolhe-se a si mesmo. De leitura em leitura, de linha em linha, e pescando novos sentidos nas entrelinhas, o leitor educa-se, e se torna educador, por sua vez, pois de leituras falará com seus familiares, seus amigos, seus colegas, seus filhos, seus alunos, seus leitores...

Perguntaram certa vez a Isaac Asimov o que faria se soubesse que o mundo iria acabar dentro de algumas horas... e ele disse que escreveria mais coisas, que datilografaria mais rapidamente suas histórias. Também o leitor poderia dar uma resposta semelhante. Leria mais, leria melhor, reorganizaria com palavras o mundo despedaçado. Sartre, ironicamente, dizia que se o mundo decidisse viver sem literatura, então poderia viver também sem o ser humano...

Conheço um professor universitário que, no primeiro dia de aula (leciona para turmas que estão ingressando num curso de Medicina), costuma recomendar aos alunos a leitura do conto "Profissão", de Isaac Asimov, escrito em 1957.

A história se passa no século LX. O protagonista, George Platen, que sonhava ser programador, foi classificado como um jovem incapaz de receber as instruções necessárias ao exercício desta ou de qualquer outra profissão. Sua mente – é o que dizem os especialistas – não foi talhada para a absorção dos conhecimentos fornecidos pelas máquinas.

Neste longínquo futuro, a formação das pessoas tem dois dias marcantes e decisivos: o Dia da Leitura (*Reading Day*) e o Dia da Instrução (*Education Day*). No Dia da Leitura, o menino e a menina de oito anos aprendem a ler de uma hora para outra, graças a máquinas que programam o cérebro da criança. Dez anos depois chega para o jovem e a jovem o Dia da Instrução, e nesse dia a pessoa sai instruída para exercer determinada profissão.

Correu tudo certo com George no Dia da Leitura, mas no da Instrução algo não parecia ter ido bem:

A porta se abriu, dando passagem a um homem de cabelos brancos. Este sorriu, mostrando uns dentes muito certos, que obviamente seriam postiços, mas seu rosto mostrava-se vigoroso e sem rugas. Sua voz era forte.

– Boa-tarde, George. Pelo que vejo, o nosso setor só tem um de vocês desta vez.

– Um só? – perguntou George, confuso.

– E claro que há milhares pela Terra afora. Milhares. Você não está só.

George sentia-se exasperado.

– Não compreendo, senhor. Qual é a minha classificação? O que está acontecendo?

– Calma, filho. Está tudo em ordem. É coisa que poderia acontecer a qualquer um [...].

– Quero saber o que está acontecendo.

– É claro. Para começar, você não poderá ser programador de computadores, George. Creio que você já compreendeu.

– Sim, já imaginei – concordou George amargamente. O que vou ser, então?

– Este é o aspecto difícil de explicar, George. – Ellenford parou, dizendo então com cuidadosa clareza: – Nada.

– O quê?!

– Nada!

– Mas o que significa isso? Por que não podem me destinar uma profissão?

– Nestes casos não temos escolha, George. O que decide tudo é a estrutura de sua mente.[6]

O médico explica ao jovem que cada ser humano tem uma capacidade limitada para absorver conhe-

---

[6] ASIMOV, Isaac. *Nove amanhãs*. p. 35-36.

cimentos, e que o objetivo é detectar, dentro dessa limitação, que tipo de saberes cada cérebro tem mais facilidade para receber. O problema de George é ele pertencer a um grupo de seres humanos cuja mente não está talhada para absorver nenhum tipo de conhecimento fornecido pelas máquinas, mesmo sendo inteligente, mesmo sabendo ler. Sem uma profissão reconhecível, terá de ser protegido pela sociedade, e levado para um lugar onde receberá livros e poderá aprender o que bem desejar.

A frustração invade o coração de George. Seria um "pré-instruído" ("*pre-educate*") para sempre, um débil mental ("*feeble-minded*") excluído do mundo. Agora entende porque na infância vivia fazendo perguntas tolas. Era como se sua mente estivesse avisando que nunca seria instruído. Seu instinto mental o levara a querer recolher os cacos das respostas aqui e ali.

Torna-se agressivo. Foge. Quer sair do planeta. Chega a conversar com um extraterrestre e pedir-lhe que o leve para outros mundos habitados, mas seus melhores argumentos são inúteis, não consegue convencê-lo. Termina sendo recapturado.

Só então compreenderá sua verdadeira situação. Há pessoas que, justamente por não se adaptarem às instruções fáceis e seguras dadas pelas máquinas, são as que, aprendendo pelo método antigo (ler bem, pensar por conta própria, fazer perguntas...), revelam-se pessoas originais e criativas, com ideias revolucionárias. Duas curiosidades verbais: o sobrenome Platen lembra o genial discípulo de Sócrates, Platão (*Plato* em inglês) e a própria palavra inglesa *platen* pode significar rolo ou cilindro de máquina de escrever, alusão a uma máquina, sim, mas a serviço da tarefa criativa.

O maior problema da sociedade retratada neste conto de Asimov reside em identificar esse reduzidíssimo número de pessoas originais. Mesmo depois da seleção realizada no Dia da Instrução, nove entre dez dos que não terão uma profissão ambicionada num mundo regido pela sofisticada tecnologia entrarão para o segundo time, formado por psicólogos, historiadores, sociólogos... todos eles registrados mas sem o prestígio popular que um técnico possui.

Encontrar e apoiar um *"creative genius"*, que excede e relativiza os registros e modelos, esse é o grande objetivo da educação... Segundo o conto, há um gênio criativo em cada cem mil pessoas (eu quero acreditar que cem mil pessoas poderiam ser criativas em mil e uma atividades). Mas não existem, para detectar os gênios, aparelhos confiáveis. Também não adianta dizer ao possível gênio: "Vamos, crie, mostre que você é uma pessoa original! Mostre-nos como podemos realizar novos avanços na ciência e na técnica!" Somente a própria pessoa poderá descobrir se é capaz ou não de criar, e até onde pode contribuir para o progresso da humanidade.

Não se trata de cair no sonho megalomaníaco de considerar-se candidato à genialidade. O conto (era este o intuito daquele professor universitário quando pedia aos alunos que o lessem) permite-nos pensar em algo mais importante do que uma profissão. Mesmo que não sejamos especialistas renomados, o que importa é nossa capacidade de absorver novos conhecimentos e inventar novos mundos, novas respostas para antigas ou velhas questões.

Num artigo intitulado "Aprendendo a pensar" (revista *Veja* de 7 de agosto de 2002), Stephen Kanitz escreveu, sem piedade ou papas na língua: "Não ensinamos nossos jovens a pensar. Gastamos horas e horas ensinando como os outros pensam ou como os outros solucionaram os problemas de sua época, mas não ensinamos nossos filhos a resolver os próprios problemas."

E então como faremos? Como nos tornaremos pensadores criativos? Frequentar a escola, a universidade, os cursos de pós-graduação fará de mim uma pessoa original, alguém capaz de abrir os olhos e pesquisar a realidade sem medo de ver coisas diferentes das previstas nos próprios livros que li ou antecipadas nas aulas e palestras a que assisti?

O papel de pedagogos e educadores é responder a essas perguntas de modo bem claro, orientando cada indivíduo na busca de sua realização humana, intelectual e profissional. "Pedagogo", no sentido originário, era o escravo encarregado de conduzir as crianças à escola, o diretor, aquele que dirige alguém pelo melhor caminho. O pedagogo está chamado a nos chamar, a nos dizer como poderemos aprender, a fazer o elogio da leitura.[7] O estudante bem orientado, mais do que saber coisas, saberá como e onde aprender novas coisas.

Nossa sociedade de consumo – cujos critérios para reconhecer a beleza, a eficácia, o profissionalismo, o que é ético e o que traz felicidade são tão questionáveis –, que se interessa preferentemente por um saber do qual provenham frutos materiais, e, por isso, tem pouca paciência com a reflexão filosófica, com a leitura variada, com o amor à arte, com a pesquisa desinteressada, com o jogo mental não imediatista... esta nossa sociedade narcisista e materialista mal

---

[7] Desenvolvo este elogio no meu livro *Elogio da leitura*, que é, de certo modo, um elogio à loucura...

consegue perceber que é justamente dessas atividades espirituais "descartáveis", dessas atividades em que o mais importante consiste em *ser* e menos em *ter* e em *fazer*, é exatamente dessas "atividades inúteis" que, em última instância, nasceram no passado e nascerão no futuro as invenções mais úteis, os modos mais eficazes de melhorar a vida de todos.

A formação literária, poética, artística, humanizadora, jamais envelhece, e continuará sendo a melhor orientação para descobrirmos novos rumos. E o motivo é simples: somente sendo seres humanos poderemos retomar o antigo rumo: humanizar o ser humano.

Uma sala de aula desumanizada é uma sala de aula desumanizadora. Uma sala de aula sem arte, sem criatividade, sem literatura... é um espaço frio, ou demasiado quente, barulhento e, não raro, violento. Se, ao contrário, numa sala de aula, professor e alunos se esforçam por humanizar-se, certamente assistiremos ao progresso mais importante. O progresso no *ser*. E, deste progresso, de modo equilibrado, decorrerá o progresso no *fazer* e no *ter*.

Referências

AGOSTINHO. *Confissões*. São Paulo: Abril Cultural (Coleção Os pensadores), 1980.

AMIEL, Henri-Frédéric. *Diário íntimo*. Rio de Janeiro: Edições de Ouro, 1967.

ANDRADE, Carlos Drummond de. *Nova reunião*. 2. ed. Rio de Janeiro: José Olympio, 1999. v. 1.

ANDRADE, Janilto. *Por que não ler Paulo Coelho...* Rio de Janeiro: Calibán, 2004.

ASIMOV, Isaac. *Nove amanhãs*. Rio de Janeiro: Expressão e cultura, 1971.

BALZAC, Honoré de. *Uma paixão no deserto*. Porto Alegre: Globo, 1954.

BERGSON, Henri. *O riso*. São Paulo: Martins Fontes, 2001.

BLOOM, Allan. *O declínio da cultura ocidental: da crise da universidade à crise da sociedade*. 2. ed. São Paulo: Best Seller, 1989.

BORGES, Jorge Luis. *Esse ofício do verso*. São Paulo: Companhia das Letras, 2000.

BRANDÃO, Ignácio de Loyola, *et al*. *Contos cruéis*. (Org. por Rinaldo de Fernandes.) São Paulo: Geração Editorial, 2006.

BRITO, Mário da Silva. *Conversa vai, conversa vem*. Rio de Janeiro/Brasília: Civilização Brasileira/INL, 1974.

CALVINO, Italo. *Por que ler os clássicos*. São Paulo: Companhia das Letras, 2002.

CÂMARA, D. Hélder. *O deserto é fértil*. Rio de Janeiro: Civilização Brasileira, 1975.

CAMPOS, Geir. *Geir Campos: antologia poética*. (Org. por Israel Pedrosa.) Rio de Janeiro: Léo Christiano Editorial, 2003.

CARBALLO, Juan Rof. *El hombre como encuentro*. Madrid: Alfaguara, 1973.

CHESTERTON, Gilbert K. *The common man*. New York: Sheed and Ward, 1950.

CIORAN, E. M. *Silogismos da amargura*. Rio de Janeiro: Rocco, 1991.

COELHO, Paulo. *O Zahir*. Rio de Janeiro: Rocco, 2005.

CORTÁZAR, Julio. *Histórias de cronópios e de famas*. 7. ed. Rio de Janeiro: Civilização Brasileira, 2001.

CORTÁZAR, Julio. *O fascínio das palavras*. (Org. por Omar Prego.) Rio de Janeiro: José Olympio, 1991.

CORTÁZAR, Julio. *O jogo da amarelinha*. 6. ed. Rio de Janeiro: Civilização Brasileira, 1999.

CORTÁZAR, Julio. *Rayuela*. 18. ed. Madrid: Cátedra, 2005.

DICKINSON, Emily. *Selected Poems & Letters of Emily Dickinson*. (Ed. Robert N. Linscott.) New York: Doubleday, 1959.

DICKINSON, Emily. *Uma centena de poemas*. 1. reimp. São Paulo: T. A. Queiroz, 1985.

FERNANDES, Millôr. *A bíblia do caos*. Porto Alegre: L&PM, 2002.

FREIRE, Marcelino; ZANDOMENI, Silvana. *EraOdito*. 2. ed. São Paulo: Ateliê, 2002.

FREYRE, Gilberto. *Como e porque sou e não sou sociólogo*. Brasília: Editora Universidade de Brasília, 1968.

GIANNOTTI, Vito. *Muralhas da linguagem*. Rio de Janeiro: Mauad, 2004.

GOETHE, Johann W. *Máximas e reflexões*. Rio de Janeiro: Forense Universitária, 2003.

GRÜNEWALD, José Lino. *O grau zero do escreviver*. São Paulo: Perspectiva, 2002.

GUERRA JUNQUEIRO, Abílio. *Os simples*. Porto: Lello & Irmão-Editores, 1950.

INNERARITY, Daniel. *A filosofia como uma das belas artes*. Lisboa: Teorema, 1995.

JAPIASSU, Hilton. *Nem tudo é relativo: a questão da verdade*. São Paulo: Letras & Letras, 2001.

KAFKA, Franz. *A metamorfose*. São Paulo: Companhia das Letras, 2002.

KEATS, John. *The letters of John Keats*. (Ed. Hyder Edward Rollins.) Cambridge: Harvard UP, 1958.

KING, Martin Luther. *Um apelo à consciência: os melhores discursos de Martin Luther King*. (Sel. e org. por Clayborne Carson e Kris Shepard.) Rio de Janeiro: Jorge Zahar, 2006.

LABINOWICZ, E. *Introducción a Piaget: pensamiento, aprendizaje, enseñanza*. México: Fondo Educativo Interamericano, 1986.

LAUAND, Jean. *Um aspecto árabe no filosofae de Pieper*. Madrid: Collatio, v. 5, . 7, 2002.

LINS, Paulo. *Cidade de Deus*. São Paulo: Companhia das Letras, 2002.

LIPOVETSKY, Gilles. *L'ère du vide*. Paris: Gallimard, 1993.

LISPECTOR, Clarice. *A descoberta do mundo*. Rio de Janeiro: Rocco, 1999.

LOBATO, Monteiro. *América*. 3. ed. São Paulo: Brasiliense, 1966.

LÓPEZ QUINTÁS, Alfonso. *Como formarse en ética a traves de la literatura – análisis estético de obras literárias*. 2. ed. Madrid: Rialp, 1994.

LÓPEZ QUINTÁS, Alfonso. *Inteligência criativa: descoberta pessoal de valores*. São Paulo: Paulinas, 2004.

MANGUEL, Alberto. *A biblioteca à noite*. São Paulo: Companhia das Letras, 2006.

MARAÑÓN, Gregorio. *Amiel*. 15. ed. Madrid: Espasa Calpe, 1995.

MARCEL, Gabriel. *Los hombres contra lo humano*. Buenos Aires: Librería Hachette, 1955.

MARÍAS, Julián. *A felicidade humana*. São Paulo: Duas Cidades, 1989.

MARTÍ, José. *Obras completas*. La Habana: Editorial Nacional de Cuba, 1963-1966.

MENDES, Murilo. *Poesia completa e prosa*. Rio de Janeiro: Nova Aguilar, 1994.

MORIN, Edgar. *Amor, poesia, sabedoria*. 6. ed. Rio de Janeiro: Bertrand Brasil, 2003.

MORIN, Edgar. *Cultura de massas no século XX*. 5. ed. Rio de Janeiro: Forense-Universitária, 1981.

NICOL, Eduardo. *Metafísica de la expresión*. 1. reimp. México: Fondo de Cultura Económica, 1989.

NIETZSCHE, Friedrich. *Assim falou Zaratustra*. 13. ed. Rio de Janeiro: Civilização Brasileira, 2005.

PAES, José Paulo. *Os perigos da poesia e outros ensaios*. Rio de Janeiro: Topbooks, 1997.

PAREYSON, Luigi. *Os problemas da estética*. São Paulo: Martins Fontes, 1984.

PASCAL, Blaise. *Pensamentos*. 2. ed. São Paulo: Difusão Europeia do Livro, 1961.

PENNAC, Daniel. *Como um romance*. Rio de Janeiro: Rocco, 1997.

PERISSÉ, Gabriel. *A leitura das entrelinhas: método lúdico--ambital*. São Paulo: ESDC, 2006.

PERISSÉ, Gabriel. *Elogio da leitura*. São Paulo: Manole, 2005.

PERISSÉ, Gabriel. *O leitor criativo*. 3. ed. São Paulo: Ômega Editora, 2004.

PERISSÉ, Gabriel. *O professor do futuro*. Rio de Janeiro: Thex, 2002.

PESSOA, Fernando. *Escritos autobiográficos, automáticos e de reflexão pessoal*. Lisboa: Assírio & Alvim, 2003.

PESSOA, Fernando. *Obra poética*. Rio de Janeiro: Nova Aguilar, 1986.

PLATÃO. *O banquete – apologia a Sócrates*. 2. ed. Belém: Edufpa, 2001.

PORTELLA, Eduardo. *Teoria da comunicação literária*. 2. ed. Rio de Janeiro: Tempo Brasileiro, 1973.

POSTMAN, Neil. *O fim da educação: redefinindo o valor da escola*. Rio de Janeiro: Graphia, 2002.

POUND, Ezra. *ABC da literatura*. 7. ed. São Paulo: Cultrix, 1995.

RIBEIRO, João Ubaldo. *A casa dos budas ditosos*. Rio de Janeiro: Objetiva, 1999.

RICARDO, Cassiano. *Jeremias sem-chorar*. Rio de Janeiro: José Olympio, 1964.

RIVAS, Lêda. *Parceiros do tempo*. Recife: Editora Universitária da Universidade Federal de Pernambuco/Associação da Imprensa de Pernambuco, 1997.

SANT'ANNA, Affonso Romano de. *Poesia reunida: 1965-1999*. Porto Alegre: L&PM, 2004. v. 1.

SARAMAGO, José. *Discurso de agradecimento pelo título de doutor* honoris causa. Belo Horizonte: UFMG, Faculdade de Letras, 1999.

SARTRE, Jean-Paul. *Imaginação*. 8. ed. Rio de Janeiro: Bertrand Brasil, 1989.

SKÁRMETA, Antonio. *O carteiro e o poeta*. 12. ed. Rio de Janeiro: Record, 1998.

SHAKEAPEARE, William. *King Henry V.* London: Routledge, 1995.

STANGERUP, Henrik. *O homem que queria ser culpado.* Rio de Janeiro: Nórdica, 1980.

SWIFT, Jonathan. *As viagens de Gulliver.* Porto Alegre: L&PM, 2005.

TOLKIEN, J. R. R. *Cuentos de hadas.* Pamplona: Eunsa, 1987.

TORGA, Miguel. *O outro livro de Job.* Coimbra: Ed. Autor, 1936.

TRUFFAUT, François. *Hitchcock/Truffaut – entrevistas.* São Paulo: Companhia das Letras, 2004.

VALÉRY, Paul. *L'idée fixe.* Paris: Gallimard, 1943.

VARGAS LLOSA, Mario. *Cartas a um jovem escritor.* Rio de Janeiro: Elsevier, 2006.

WEIL, Simone. *A gravidade e a graça.* São Paulo: Martins Fontes, 1993.

O AUTOR

Gabriel Perissé nasceu em 1962 (Rio de Janeiro, RJ). Formou-se em Letras pela UFRJ em 1985, ano em que foi morar em São Paulo, onde obteve o grau de Mestre em Literatura Brasileira (1989) pela USP, estudando a obra do poeta Carlos Nejar. Concluiu o doutorado em Filosofia da Educação, também na USP, em 2003, analisando o pensamento de Alfonso López Quintás.

Em 1996, publicou o livro *Ler, pensar e escrever* que está na quarta edição, seguido, em 2000, pelo *O leitor criativo*, e outros: *Palavras e origens: considerações etimológicas* (2002), *A arte da palavra* (2002), *O professor do futuro* (2002), *Filosofia, ética e literatura* (2003), *A arte de ensinar* (2004), *Elogio da leitura* (2005), *Crônicas pedagógicas* (2006) e *A leitura das entrelinhas* (2006).

Em 1998, tornou-se professor universitário, ministrando aulas de Comunicação Visual, Língua Portuguesa, Literatura Brasileira e Literatura Infantil, no Centro Universitário São Camilo, na Universidade de Santo Amaro, na Universidade Anhembi-Morumbi e no Instituto Paulista de Ensino e Pesquisa; instituições do estado de São Paulo. Atualmente, é professor do Programa de Mestrado em Educação do Centro Universitário Nove de Julho (SP).

Em 1999, gravou 19 edições do programa *Ler, pensar e escrever* para o Canal Comunitário de São Paulo. Desde 2005 participa de programas informativos da TV Século 21.

Desde 1983 ministra palestras e cursos sobre Literatura, Educação, Ética e temas afins em diferentes instituições e sob os auspícios de várias entidades e organizações, tais como: Fundação Calouste Golbekian, FDE – Fundação para o Desenvolvimento da Educação, Secretaria Municipal de Cultura de São Paulo, Faculdade de Jornalismo da Cásper Líbero, CBL – Câmara Brasileira do Livro (SP), Sindicato das Secretárias de São Paulo, SESC – SP, Instituto Sedes Sapientiae (SP), Caterpillar Brasil e Clube Hebraica (SP).

Colabora em várias revistas e jornais, alguns com versões eletrônicas, destacando-se o semanário *Correio da Cidadania*, a revista *Língua Portuguesa* e o portal *Observatório da Imprensa*.

Em 2005, criou com outros educadores, em São Paulo, o Núcleo Pensamento e Criatividade, em convênio com a *Escuela de Pensamiento y Creatividad*.

Em seu *site*, www.perisse.com.br, é possível ler vários artigos e ensaios sobre Educação, Literatura e outros temas relacionados à cultura, bem como acompanhar sua atividade como palestrante.

Este livro foi composto com tipografia Garamond e impresso em papel Off Set 75 g/m² na Formato Artes Gráficas.